THÉOTEX

Site internet : theotex.org

Courriel : theotex@gmail.com

© THÉOTEX

Édition : BoD — Books on Demand

12/14 rond-point des Champs-Élysées, 75008 Paris

Impression : BoD, Norderstedt, Allemagne

ISBN : 978-2-322-19816-0

Dépôt légal : mars 2021

LE BIENFAIT

DE

JÉSUS-CHRIST CRUCIFIÉ

ENVERS LES CHRÉTIENS

AONIO PALEARIO

TRADUIT PAR LOUIS BONNET

THéoTeX
— 2016 —

INTRODUCTION

Voici un livre bien extraordinaire. Tout dans ses destinées, dans l'influence qu'il exerça en Italie au XVIᵉ siècle, dans le martyr célèbre auquel il est attribué, surtout enfin dans son contenu, tout est propre à attirer sur cet ouvrage l'attention des amis de l'Évangile.

Qu'ils furent beaux les jours de la Réformation dans cette pauvre Italie, où le despotisme sanglant des papes parvint sitôt à en éteindre la lumière dans ses cachots et ses supplices! Les esprits les plus distingués par leur culture et leur piété, dégoûtés des abominations qui avaient envahi le sanctuaire, saluèrent avec des transports de joie la foi nouvelle dont les vives clartés resplendissaient du nord de l'Europe, lisaient avec avidité les écrits de Luther, de Zwingli, et surtout les Saintes-Écritures, flambeau divin remis sur le chandelier. Un mouvement simultané de réveil, de foi, de vie, se fit remarquer, plein de jeunesse et d'espérance, dans toutes les villes de la Péninsule. Tandis que Ferrare réunissait autour de Renée d'Est les Antonio Flaminio, les Bartholomeo, Ricci et tant d'autres; que Juan Valdez, noble

Espagnol, répandait dans les hautes régions de la société napolitaine la lumière de son ardente piété ; que les étudiants de Pavie formaient une garde autour de leur maître chéri, Curio de Turin, pour le protéger contre les embûches de l'Inquisition ; que le Florentin Antonio Brucioli traduisait la Bible ; que les deux frères Vergerio renonçaient à la crosse épiscopale et à la pourpre romaine pour embrasser l'Évangile ; que Bernardino Ochino et Pierre Martyr Vermigli remuaient de ville en ville les populations par leur ardente éloquence chrétienne ; que des femmes du plus haut rang et en grand nombre sacrifiaient avec joie les vanités du monde et donnaient l'exemple du plus noble courage au sein des persécutions ; — on voyait le collège sacré des cardinaux lui-même envahi et ébranlé par la Réforme, et le pape trouver des hérétiques à punir jusque dans sa cour. — Il faut lire dans M'Crie et dans Léopold Ranke[a] toutes ces scènes de la vie chrétienne et d'atroces persécutions, pour se faire une idée de la puissance avec laquelle l'Évangile de Jésus-Christ pénétra au sein des ténèbres les plus profondes.

Bientôt les Italiens ne se contentèrent plus des livres qui leur venaient de l'étranger, ils eurent leur littérature religieuse nationale, toute brûlante du feu du premier amour. En 1542, parut à Venise un petit livre intitulé : *Trattato utilissimo del Beneficio di Giesu Christo crucifisso versoii christiani.* — Six ans après, les seules presses de Venise en avaient reproduit quarante mille exemplaires. Il fut réimprimé en divers autres lieux, entre autres à Modène, par les soins du cardinal Morone. Rien n'égalait l'ardeur que

---

a. Ranke. *Histoire des Papes, aux* XVI *et* XVII*ᵉ siècles.* — M'Crie. *Hist. de la Réforme en Italie.*

les amis de l'Évangile mettaient à lire et à répandre ce livre dans toute l'Italie, si ce n'est le zèle des inquisiteurs à le rechercher et à le livrer aux flammes. Cette lecture, dit Ranke, popularisa pendant un temps en Italie la doctrine de la justification par la foi, au point qu'un rapport de l'Inquisition porta à *trois mille* le nombre des seuls maîtres d'école suspects d'être infectés de cette peste[a]. Un écrivain italien du temps, Vergerio, s'exprime ainsi sur le livre du *Beneficio* : « Plusieurs sont d'opinion qu'à peine il a paru dans notre âge, au moins en langue italienne, un livre écrit avec tant de douceur, de piété, de simplicité, et si propre à instruire les ignorants et les faibles, en particulier sur la doctrine de la justification[b]. » Même les inquisiteurs, dans le rapport qu'on vient de citer, n'ont pu s'empêcher d'en parler en ces termes : « Trattava della giustificatione *con dolce modo,* ma hereticamente. » — Tandis que ce petit ouvrage faisait en Italie son œuvre immense, les chrétiens évangéliques de France, ainsi que d'autres pays de l'Europe, se l'appropriaient par des traductions.

A quoi un petit écrit de moins de cent pages, publié sans nom d'auteur, sans autre recommandation que son propre mérite, dut-il un succès si extraordinaire ? Uniquement à cet Évangile de la grâce, qu'il expose dans toute sa pureté, sa simplicité, sa suave douceur. C'est bien là la dogmatique du XVIe siècle, mais ce n'est ni le cachet de Luther, ni celui de Calvin. Le mot même de dogmatique est ici déplacé, tant on est éloigné d'un système, tant on sent une âme brûlante d'amour pour cette vérité qu'elle a trouvée, souffrant

a. Ranke, T. I. p. 142.
b. Cité par Gieseler, *Kirchengeschichte* III, 1, p. 501.

quand elle parle du péché et de la loi, tressaillant de joie en proclamant les parfaits mérites de son Sauveur, pleine d'une sainte tendresse en décrivant son union avec ce céleste Époux. Il n'y a pas jusqu'à la doctrine de l'élection qui ne soit traitée avec la plus intime onction, comme le fondement de l'assurance du salut pour le racheté de Christ. Même aujourd'hui, après trois cents ans, on comprend que l'Évangile présenté à des populations altérées de vérité et de paix, avec cette puissance entraînante de conviction et d'amour, put les émouvoir et les arracher à la servitude de l'erreur et de la superstition.

Rome le sentit. Rome, l'antique adversaire de la Parole de Dieu, ne se laissa point fléchir par la profonde piété, ni par la douceur tout évangélique qui respire d'un bout à l'autre du livre dont nous racontons l'histoire. Les inquisiteurs lui firent si bonne chasse, que les chrétiens d'Italie s'en virent totalement privés, et que, pour le réimprimer dans le plus grand secret, ils durent le retraduire sur la version française. Vaine tentative! Sous cette nouvelle forme encore l'ouvrage disparut bientôt dans les flammes, si bien que jusqu'à nos jours on a cru que jamais on ne le connaîtrait plus, autrement que par l'histoire de son immense influence sur la Réformation en Italie. Dans les derniers temps encore, deux historiens célèbres, Ranke et Macaulay, en parlaient comme d'un livre aussi irrévocablement perdu que ceux des écrits de Tite-Live qui ne nous sont point parvenus.

Cependant, l'attention du public lettré ayant été éveillée de nouveau par ces historiens, et avant eux par M'Crie, des recherches pleines d'intérêt furent faites en diverses bibliothèques, et un savant anglais, M. John Ayre, parvint à découvrir une traduction anglaise de notre livre, traduction faite sur la version française, et qui avait paru à Londres en 1638. M. Ayre publia l'ouvrage en 1847, avec des recherches sur son origine[a]. — Mais déjà quatre ans auparavant, un autre savant anglais, M. B.-M. Cowie, avait annoncé, dans un catalogue de manuscrits et de livres rares, qu'un exemplaire de l'édition italienne, de 1543, sortie des presses de Venise, se trouvait dans la bibliothèque de Saint-John's College, à Cambridge. Cet exemplaire de l'ouvrage original, peut-être le seul qui soit au monde[b], a été textuellement reproduit, il y a quelques mois (vers la fin de 1855), par M. Churchill Babington, qui l'a accompagné d'une traduction anglaise, de la vieille version française et d'une introduction historique et critique. — Une autre édition très fidèle de l'ouvrage vient de paraître à Leipzig, avec une préface anonyme (due au savant critique Tischendorf), à laquelle nous avons emprunté quelques-uns des faits qui précèdent, comme lui-même avait profité des recherches de MM. Ayre et Babington.

Reste maintenant une question d'un grand intérêt : Qui est l'auteur de ce petit livre dont les destinées ont été si exceptionnelles ? Les opinions ont varié jusqu'à nos jours sur cette question, car il était naturel que l'auteur d'un tel écrit, en présence des inquisiteurs, mît tous ses soins à ce que son nom restât enseveli dans le silence. Vergerio, que nous avons déjà cité, nous apprend que de son temps on

---

a. Deux traductions italiennes de cette publication anglaise parurent en 1849, l'une à Pise, l'autre à Florence.

b. Un autre exemplaire vient d'être découvert à Stuttgard.

attribuait le livre du *Beneficio* au cardinal Pole, ou que du moins on estimait qu'il y avait eu une grande part. Ce qu'il y a de certain, ajoute-t-il, c'est que ce cardinal s'appliqua à défendre et à répandre le livre, de concert avec Flaminio, Priolo et quelques autres de ses disciples [a]. — Le rapport des inquisiteurs, cité par Ranke, indique comme auteur *un Monaco di Sanseverino di Napoli*, qu'il dit être disciple de Valdès, et affirme que l'ouvrage fut revu par Flaminio. — Plus tard, des recherches exactes conduisirent le savant Schelhorn, en 1737 [b], et après lui Riederer, aussi bien que les historiens Gerdes et Tiraboschi, à une opinion que M'Crie, dans son Histoire de la Réforme en Italie, a élevée à peu près jusqu'à la certitude, et que les derniers éditeurs de notre livre, Ayre, Babington et Tiscbendorf adoptent pleinement : c'est que l'auteur du *Bienfait de Jésus-Christ* est Aonio Paleario.

Parmi les villes d'Italie qui, dans ces belles années du réveil de la foi, entendirent la bonne nouvelle de l'Évangile, Sienne occupait un rang distingué. Cette patrie des Socin fut aussi celle d'Ochino, qui, dans ses voyages de prédications évangéliques, visita souvent le lieu de sa naissance. Mais Dieu réservait aux habitants de cette ville un autre témoin aussi richement doué par le talent et la science que par une vive piété, nourrie aux sources de la foi nouvelle. — Dès 1534, Aonio Paleario, né à Velori, dans la campagne de Rome, fut appelé à Sienne pour y professer les littératures de l'antiquité grecque et latine. Poète et orateur distingué, il s'était jeté avec ardeur dans le mouvement de la renaissance

---

a. *Articuli contra card. Moronum.* Tubingæ 1558. — Voir Gieseler, *ubi supra.*

b. *Amoenit. Histor. eccl.* I. 157.

des lettres. Mais la lecture du Nouveau Testament dans la langue originale l'avait plus encore attaché au Maître de Nazareth que tous les chefs-d'œuvre classiques aux maîtres d'Athènes et de Rome. Familiarisé avec les écrits des Réformateurs, il fit entendre dans ses leçons de philosophie des vérités d'une hardiesse qui plaisait aux étudiants, mais qui ne tardèrent pas à susciter contre lui les soupçons et les accusations d'hérésie. Le cardinal Sadolet, qui l'aimait, l'exhorta à la prudence au nom des amis qu'il avait à Rome. Mais Paleario était de ceux à qui le danger ne saurait imposer silence. Si on le laisse faire, s'écriaient les adeptes du pape, il ne restera pas un vestige de religion dans la ville de Sienne. « Pourquoi ? » se demande-t-il, en rapportant lui-même cette accusation. — « Parce que, comme on me demandait un jour quel était le premier fondement sur lequel on devait appuyer son salut, je répondis que c'était le Christ ; on me demanda quel était le second, et je répondis encore : le Christ ; enfin, quel était le troisième, et je répondis toujours : le Christ[a]. »

Mais lorsque les prêtres virent paraître un petit livre qui menaçait d'être pour l'Italie ce que la *Captivité de Babylone* avait été pour l'Allemagne, cette exposition si claire et si pénétrante de l'Évangile, qui dès la première année de son apparition vola de ville en ville avec la rapidité des vents, alors il n'y eut plus de repos pour le professeur de Sienne, soupçonné d'en être l'auteur. Cité devant le Sénat de cette ville, il y prononça une défense éloquente, qui a été conservée dans ses œuvres, et dont voici le début :

---

a. *Palearii Opera*. Ed. Halbauer, p. 519.

« Il y a des hommes assez acerbes, assez durs, assez prompts à incriminer les autres, pour qu'on ne puisse pas, en leur présence, rendre toute gloire à Christ, l'Auteur et le Dieu de notre salut, le Roi de toutes les nations et de tous les peuples. Parce que j'ai écrit cette année même, en langue toscane, sur les immenses bienfaits apportés par sa mort au genre humain, on en a fait le sujet d'une accusation contre moi. Peut-on rien concevoir ou dire de plus honteux ? Je disais : Puisque Celui en qui réside la divinité a versé avec tant d'amour son sang pour notre salut, nous ne devons plus douter de la faveur de Dieu, mais nous pouvons jouir d'une paix et d'une tranquillité parfaites. J'affirmais, appuyé sur les monuments les plus incontestables de l'antiquité, que ceux qui tournent leur âme vers Jésus crucifié, qui se confient en Lui par la foi, qui reçoivent ses promesses et qui s'attachent avec une pleine espérance à Celui qui ne saurait tromper, voient la fin de tous leurs maux, parce que leurs péchés sont effacés. Voilà ce qui a paru si amer, si détestable, si exécrable à ces douze bêtes féroces (car je ne puis leur donner le nom d'hommes) qu'ils ont opiné que l'auteur devait être livré aux flammes. Si je dois souffrir ce supplice pour le témoignage que j'ai rendu (car je regarde mon écrit plutôt comme un témoignage que comme un livre), alors, sénateurs, rien ne peut m'arriver de plus heureux. Dans un temps comme celui-ci, je ne pense pas qu'il soit d'un chrétien de mourir dans son lit. Il nous convient d'être battus de verges, pendus, cousus dans un sac, jetés aux bêtes féroces ou au feu, si, par ces supplices, la vérité est portée à la lumière [a].

---

a. *Palearii Op.* p. 101. s. 9. — C. M'Crie. *Histoire de la Réforme en*

Le but de cette citation n'est pas tant de montrer en Paleario le courage intrépide d'un martyr, que de fournir la preuve évidente qu'il se reconnaît l'auteur du livre du *Bienfait de Christ crucifié*. Tout le démontre dans ses paroles : Il a écrit un petit livre, dit-il (*libellus*) ; il l'a écrit en langue toscane, tandis que tous ses autres ouvrages sont en latin ; mais surtout il en indique pour ainsi dire le titre en même temps que le contenu, et cela plus d'une fois, en des termes que l'on retrouve dans le livre même : Ce sont les *Bienfaits* de Christ crucifié qu'il a décrits, c'est le salut parfait, le salut gratuit, le salut par la foi seule ; et il a appuyé tout cela sur les monuments de l'antiquité, c'est-à-dire sur les Pères, dont il cite abondamment les écrits dans son ouvrage. D'un autre côté, les dates coïncident parfaitement ; c'est en 1542 que Paleario, accusé pour la première fois, prononçait cette défense, en nous apprenant qu'il avait publié son livre cette année même, et c'est alors en effet que les presses de Venise commencèrent leur active reproduction de cet écrit.

[C'est pourtant sur cette date même que Ranke, et après lui Gieseler se fondent pour révoquer en doute que Paleario soit l'auteur de notre livre, attendu que son accusation n'aurait guère pu avoir lieu l'année même de la publication de l'ouvrage. Et pourquoi non ? Fallait-il beaucoup de temps aux argus de l'inquisition pour procéder contre un homme célèbre déjà suspect d'hérésie ? Du reste, cette objection paraît étrange sous la plume de Ranke, qui, par une singulière inadvertance, fait paraître l'ouvrage en 1540[a]. Quant au rapport de l'Inquisition romaine, qui affecte d'attribuer le livre à un moine de Naples, ce pouvait être ignorance, ou un exemple entre mille autres d'une ruse de guerre qui consistait à déguiser le nom des auteurs hérétiques célèbres, afin de diminuer l'importance de leur témoignage.]

Italie, p. 143 suiv.

a. *Hist. des Papes*, I. 140.

Enfin, Vergerio, dans l'ouvrage déjà cité, affirme que l'un des auteurs du *Bienfait de Christ* (il en supposait deux) soutenait des relations familières avec plusieurs des premiers dignitaires de la cour de Rome, et l'on sait en effet que Paleario comptait au nombre de ses amis les cardinaux Sadolet, Bembo, Pole, Maffei ; on sait de plus que lorsque le cardinal Morone fut emprisonné pour cause de luthéranisme, un des chefs d'accusation articulés contre lui fut d'avoir contribué à répandre le livre du *Bienfait de Christ.*

Nous bornons ici cette démonstration qui nous paraît suffisante. Mais avant de laisser le lecteur avec Paleario et sa parole onctueuse, jetons un regard encore sur la vie et la mort de ce témoin de Jésus-Christ. — L'année qui suivit les événements que nous venons de rapporter, il se vit forcé de quitter Sienne. Il se rendit à Lucques, où l'Évangile avait fait des progrès considérables[a]. Il passa près de dix ans dans cette ville. Le sénat de Milan lui adressa alors une vocation des plus honorables comme professeur d'éloquence. Il remplit ces fonctions pendant sept ans, toujours exposé aux plus grands dangers, malgré la haute protection du Sénat milanais. Mais enfin, il fallut céder à la violence, et vers 1566, au moment où il songeait à se retirer à Bologne, il fut atteint par la persécution sanglante qui s'éleva, lors de l'avènement du pape Pie V, contre tant d'hommes éminents par la science et la piété : Paleario fut saisi, conduit à Rome, mis au secret le plus rigoureux dans la Torre Nona. Dans son procès on rappela contre lui le livre du *Bienfait de Christ* et ses relations avec Ochino et tant d'autres chrétiens condamnés ou réfugiés à l'étranger. En fait de doctrine, le

---

a. Voir *Lucques et les Burlamacchi,* par M. Charles Eynard.

principal chef d'accusation fut qu'il attribuait la justification du pécheur uniquement à la foi en la miséricorde de Dieu, qui nous pardonne nos péchés par les mérites de Jésus-Christ. Oui, hélas ! ce qui fait la gloire et la puissance de l'Évangile, comme la consolation et la joie de l'homme déchu dans ses angoisses, c'est ce qui, depuis trois cents ans, est en possession d'exciter les fureurs de Rome. Et ce n'est pas sans raison. Partout où cette doctrine est admise, s'écroule avec fracas l'échafaudage entier de la religion du prêtre.

Au terme de trois années d'emprisonnement, Paleario fut condamné par le *saint* office à être pendu et son corps livré aux flammes. Il fut exécuté le 3 juillet 1570, à l'âge de soixante-dix ans [a].

Ce vieillard vénérable laissait, en allant à l'échafaud, sa femme et quatre enfants. Le jour même de sa mort, il prit congé de sa compagne par une lettre que voici, et dans laquelle nos lecteurs reconnaîtront bien l'auteur du livre que nous leur offrons.

« Ma chère femme !

Je ne voudrais pas que ma joie fût pour vous un sujet de chagrin, ni le bien qui m'arrive une source d'infortune. L'heure est venue où il me faut quitter cette vie pour paraître devant mon Seigneur, mon Père et mon Dieu. Je pars avec autant de plaisir que si j'allais aux noces du Fils du grand Roi. Cette joie, j'ai toujours prié mon Seigneur de me l'accorder dans sa bonté et dans sa miséricorde infinie. C'est pourquoi, ma chère femme, il faut que la volonté de Dieu et ma résignation soutiennent votre

a. Voir sur la vie de Paleario : M'Crie, *Histoire de la Réforme en Italie*, p. 140 suiv. et p. 332 suiv. ; ou mieux encore, une *Vie* de ce martyr, écrite en latin et imprimée à la tête de ses œuvres latines, par Halbauer. Jena, 1728, 1 vol. 8°.

courage ; vous vous devez tout entière à la famille désolée qui me survit ; instruisez-la, maintenez-la dans la crainte de Dieu, et servez-lui de père et de mère. Je ne suis plus aujourd'hui qu'un inutile vieillard âgé de soixante-dix ans. Nos enfants doivent se suffire à eux-mêmes par leur vertu et par leur industrie. Que Dieu le Père, que notre Seigneur Jésus-Christ et le Saint-Esprit soient avec vous !

Rome, 3 juillet 1570.

Ton mari, AONIO PALEARIO. »

Ce père voulut prendre aussi congé de ses enfants. Après avoir donné à ses deux fils ses dernières directions, il salue ainsi ses deux filles :

« Adieu, Aspasia, Aonilla, mes chères filles en Dieu. Mon heure approche. Que l'Esprit de Dieu vous console et vous protège par sa grâce !

Rome, 3 juillet 1570.

Votre père, AONIO PALEARIO. »

Nous donnons, de l'œuvre de Paleario, une traduction très fidèle, presque littérale. Il eût été facile d'en faire disparaître quelques répétitions et quelques longueurs qui tiennent à la manière des écrivains du XVIᵉ siècle ; mais, outre qu'ici ce sont moins des défauts de composition que les exubérances d'un sentiment religieux qui déborde de l'amour de son sujet, nous avons cru devoir reproduire dans son intégrité pleine de candeur ce vénérable monument de la foi et de la piété d'un réformateur martyr.

Francfort, Avril 1856.

L. BONNET.

I

Du péché originel et de la misère de l'homme.

L'Écriture sainte nous dit que Dieu créa l'homme à son image et à sa ressemblance, exempt de souffrance quant au corps, et quant à l'âme, juste, vrai, pieux, miséricordieux et saint. Mais lorsque, vaincu par la convoitise de la science, il mangea du fruit défendu par Dieu, il perdit cette image et cette ressemblance divines, et fut semblable à la brute et au démon qui l'avait trompé. Son âme devint injuste, menteuse, cruelle, impie, ennemie de Dieu, et son corps fut assujetti à la souffrance, à mille maux et infirmités. Et de même que nos premiers parents, s'ils fussent restés obéissants à Dieu, nous auraient fait hériter leur justice et leur sainteté, de même, s'étant révoltés contre Dieu, ils nous ont laissé pour héritage leur injustice, leur impiété, leur inimitié envers Dieu, de sorte qu'il nous est désormais impossible, par nos propres forces, d'aimer Dieu et de nous conformer à sa volonté.

Nous sommes devenus ennemis de Celui qui, pour être juste juge, doit punir nos péchés, sans que nous ayons aucun droit de compter sur sa miséricorde. En somme, la nature humaine a été tout entière corrompue par le péché d'Adam ; et, tandis qu'avant la chute l'homme était supérieur à toutes les autres créatures, il leur fut dès lors assujetti ; il devint esclave du démon, du péché et de la mort, et fut condamné à la misère de l'enfer. Son jugement fut tellement perverti, qu'il commença à nommer le bien mal et le mal bien, estimant vrai ce qui est faux, et prenant le mensonge pour la vérité. Dès lors le prophète a pu dire : « Que tout homme est menteur (Psa.116.11), et qu'il n'y en a aucun qui fasse le bien » (Psa.14.3).

Comme un roi, fort et bien armé, gouverne son palais, ainsi le démon règne sur le monde dont il est le seigneur et le prince. Il n'est pas de langue qui puisse exprimer la millième partie des calamités qui sont venues sur nous, lorsque, après avoir été créés par Dieu lui-même, nous avons perdu sa divine image et sommes devenus semblables au diable. Rendus conformes à sa nature, nous voulons tout ce qu'il veut et refusons pareillement tout ce qui lui déplaît. Livrés ainsi au pouvoir de cet esprit malin, il n'y a pas de péché, quelque grave qu'il soit, que nous ne soyons prêts à commettre, quand la grâce de Dieu ne nous en empêche pas. Ce manque de justice, cette inclination au mal et à l'impiété se nomme péché originel. Nous le portons avec nous dès le sein de notre mère et naissons enfants de colère. Il a son origine dans nos premiers parents, et il est la source de tous nos vices et de toutes nos injustices.

Si nous voulons être délivrés du mal et retrouver l'innocence primitive avec l'image de Dieu, il est absolument nécessaire qu'auparavant nous connaissions notre misère.

Aucun homme n'appelle le médecin, s'il ne se sent malade ; aucun ne reconnaît l'excellence du médecin, ni l'obligation qu'il a envers lui, s'il n'a pas su combien sa maladie a été dangereuse et mortelle. Il en est de même à l'égard de Christ, l'unique Médecin de nos âmes. Personne ne peut le connaître, s'il ne sent que son âme est malade ; personne ne peut comprendre l'excellence de Christ, ni ses obligations envers lui, s'il n'a été auparavant pénétré de l'extrême gravité de ses péchés et de la maladie mortelle que nous avons tous contractée par la contagion de nos premiers parents.

Sommaire :

- ♣ L'image de Dieu à laquelle l'homme fut créé.
- ♣ Le péché originel.
- ♣ L'homme est par lui-même, sans la grâce de Dieu, capable de commettre les plus grands péchés.

II

Que la Loi fut donnée par Dieu pour faire connaître à l'homme son péché, l'impossibilité de se justifier par ses œuvres, et pour l'amener à la miséricorde de Dieu et à la justice de la foi.

Notre Dieu, voulant, dans son infinie bonté et miséricorde, envoyer son Fils unique pour délivrer les malheureux fils d'Adam, et sachant qu'il fallait auparavant leur faire sentir leur misère, choisit Abraham. Il lui donna la promesse qu'en sa semence toutes les générations seraient bénies, et il adopta ses descendants pour son peuple particulier. Lorsque ce peuple fut sorti d'Egypte et délivré de la servitude de Pharaon, il lui donna la loi, par l'intermédiaire de Moïse. Cette loi nous défend la convoitise et nous ordonne d'aimer Dieu de tout notre cœur, de toute notre âme et de toutes nos forces : c'est-à-dire que toute notre espérance doit reposer en Dieu, que nous devons nous tenir prêts à donner notre vie pour Lui et consentir en tout temps à souffrir tous les tourments du corps, à être privés de tous nos biens, dignités et honneurs, pour glorifier Dieu ; préférant plutôt mourir que de commettre la plus petite infidélité qui déplairait à notre Dieu, et faisant toutes ces choses avec joie et promptitude de cœur. De plus, la loi commande aussi que nous aimions notre prochain comme nous-mêmes ; entendant par notre prochain les hommes de toutes conditions, tant amis qu'ennemis. Cette loi exige que nous soyons prêts à faire à tous, ce que nous désirons qu'il nous soit fait, et que nous prenions à cœur tous les intérêts d'autrui comme les nôtres propres.

L'homme contemple dans cette sainte loi, ainsi que dans un miroir lucide, toute son infirmité et l'impossibilité où il est d'obéir aux commandements de Dieu et de rendre à son Créateur l'amour et l'honneur qu'il lui doit. Le premier office de la loi est donc de faire connaître le péché ; comme l'affirme saint Paul (Rom.3.20). Et dans un autre endroit, où il dit : Je n'ai connu le péché que par la loi (Rom.7.7).

Le second office de la loi est d'accroître le péché. Car, étant séparés de l'obéissance de Dieu, asservis au diable et pleins d'affections et de penchants coupables, nous ne pouvons souffrir que Dieu nous défende la convoitise, et cette convoitise s'accroît par la défense même. C'est ce qu'entend saint Paul lorsqu'il dit : Le péché est devenu excessivement pécheur. Et ailleurs : Le péché était mort, mais le commandement étant venu, le péché reprit vie (Rom.7.10).

Le troisième office de la loi est de manifester la colère et la justice de Dieu qui menace de mort et de peines éternelles celui qui ne l'accomplit pas entièrement. Car l'Écriture sainte déclare maudit, « celui qui n'observe pas constamment toutes les choses qui sont écrites dans le livre de la loi. » (Deut.27.26)

C'est pourquoi saint Paul dit que la loi est le ministère de la mort (2Cor.3.7), et qu'elle produit la colère (Rom.4.15).

La loi ayant donc manifesté et augmenté le péché, en même temps que révélé la colère de Dieu qui nous menace de la mort, elle a encore pour quatrième office d'effrayer l'homme en lui montrant que son état est désespéré. Car il voudrait satisfaire à la loi, mais il voit bientôt clairement qu'il ne le peut. Et dans son impuissance il se révolte contre Dieu et voudrait qu'il ne fût pas, parce qu'il craint le châtiment de son péché. « L'affection de la chair est ennemie de Dieu, » dit saint Paul (Rom.8.7).

Enfin, le cinquième et principal office de la loi et son but le plus excellent, c'est de forcer l'homme à aller à Christ, comme les Hébreux épouvantés furent forcés de crier à Moïse : « Que le Seigneur ne nous parle pas, mais parle-nous toi-même, et nous t'écouterons. » (Exode.20.19) Et le Seigneur répond : « Ils ont bien dit. » (Deut.18.17) Il les loue d'avoir demandé un médiateur entre eux et Dieu. Ce médiateur, c'est Moïse, représentant de Jésus-Christ, le vrai avocat et médiateur entre Dieu et l'homme. C'est pourquoi Dieu dit à Moïse : « Je leur susciterai un prophète semblable à toi d'entre leurs frères. Je mettrai mes paroles en sa bouche, et il leur dira tout ce que je lui aurai commandé. Et quiconque n'écoutera pas les paroles qu'il aura dites en mon nom, je lui en demanderai compte. » (Deut.18.18-19)

Sommaire :

♣ La loi exige que nous mettions toute notre espérance en Dieu et que nous l'aimions jusqu'à lui faire le sacrifice de nos biens et de notre vie.

♣ Qui est notre prochain ?

♣ Cinq offices de la loi :

1. Manifester le péché.

2. Accroître le péché.

3. Montrer la colère de Dieu.

4. Nous ôter toute espérance de salut.

5. Nous faire sentir le besoin d'un Sauveur.

III

Que la rémission des péchés, la justification et tout notre salut ne vient que de Christ.

Dieu nous a donc envoyé ce grand prophète qu'il nous avait promis, son Fils unique, qui est venu pour nous délivrer de la malédiction de la loi et nous réconcilier avec Dieu. C'est lui qui nous rend propres aux bonnes œuvres en affranchissant notre volonté et en nous restituant cette divine image (Col.3.10) que nous avions perdue par le péché de nos premiers parents. Et puisque nous savons qu'il n'y a point d'autre nom sous le ciel donné aux hommes, par lequel il nous faille être sauvés, que le nom de Jésus-Christ (Act.4.12), courons avec l'ardeur d'une vive foi nous jeter dans les bras de Celui qui nous invite en s'écriant : « Venez à moi, vous tous qui êtes fatigués et chargés, et je vous donnerai du repos ! » (Matth.11.28)

Quelle consolation et quelle joie de cette vie pourraient être comparées à celles de l'âme qui, se sentant oppressée par le poids insupportable de ses péchés, entend de si douces et tendres paroles du Fils de Dieu, lui promettant de la soulager et de la délivrer de son pesant fardeau ? Mais il faut avant tout que nous connaissions bien notre misère et nos infirmités, car nul homme n'a recours au remède lorsqu'il ne sent pas le mal. C'est pourquoi Christ dit : « Si quelqu'un a soif, qu'il vienne à moi et qu'il boive » (Jean.7.37), voulant faire entendre que si l'homme ne reconnaît son péché et n'a soif de justice, il ne peut point goûter combien Jésus est bon, ni combien il est doux de penser à Lui, de parler de Lui et d'imiter sa sainte vie.

Si donc par l'efficace de la loi, nous avons appris à connaître notre misère, écoutons ce que dit Jean-Baptiste en nous montrant du doigt le Médecin bienfaisant de nos âmes : « Voici l'Agneau de Dieu qui ôte les péchés du monde (Jean.1.29). C'est Lui qui nous délivre du pesant joug de la loi, en ôtant et en anéantissant ses malédictions et ses menaces (Gal.3.13), en guérissant toutes nos infirmités, en rendant libre notre volonté, en nous reconduisant à notre première innocence et en restaurant en nous l'image de Dieu. C'est pourquoi, dit saint Paul, comme tous meurent en Adam, de même aussi dans le Christ tous seront rendus vivants (1Cor.15.22).

Ne pensons donc pas que le péché d'Adam que nous avons hérité, ait une plus grande efficace que la justice de Christ, laquelle nous avons héritée aussi par la foi. Autrefois l'homme aurait pu se plaindre de ce que, sans sa faute, il fût conçu et né dans le péché et dans l'iniquité de ses premiers parents, par lesquels la mort règne sur tous les hommes. Mais maintenant tout sujet de plainte est ôté, car la justice de Christ est venue à nous pareillement sans notre mérite. Par Christ nous avons la vie éternelle, par Lui la mort a été anéantie.

C'est sur ce sujet que saint Paul fait un magnifique discours que je veux transcrire ici : (Rom.5.12 et suiv.) « C'est pourquoi, comme par un seul homme le péché entra dans le monde et par le péché la mort, et qu'ainsi la mort parvint sur tous les hommes, parce que tous péchèrent ; car jusqu'à la loi il y avait du péché dans le monde ; or, il n'y a pas de péché mis en compte s'il n'y a pas de loi ; cependant la mort régna depuis Adam jusqu'à Moïse, même sur ceux qui ne péchèrent pas par une transgression semblable à celle d'Adam, lequel est le type de Celui qui devait venir ; mais il n'en est pas du don gratuit comme de l'offense ; car si par l'offense d'un seul un grand nombre sont morts, à bien plus forte raison la grâce de Dieu et le don par la grâce, celle du seul homme Jésus-Christ, ont abondé sur un grand nombre. Et il n'en est pas du don comme de ce qui est arrivé par le moyen d'un seul qui a péché, car le jugement vient bien d'un seul en condamnation, mais le don gratuit vient de beaucoup d'offenses en justification ; car si, par l'offense d'un seul, la mort a régné par ce seul, à bien plus forte raison ceux qui reçoivent l'abondance de la grâce et du don de la justice, régneront-ils dans la vie par le seul Jésus-Christ. »

Dans ces paroles de saint Paul nous reconnaissons évidemment ce qui a été dit plus haut, c'est-à-dire que la loi fut donnée pour faire connaître le péché. Nous y voyons aussi que le péché n'est pas plus puissant que la justice de Christ par laquelle nous sommes justifiés auprès de Dieu.

De même que Christ est plus puissant qu'Adam, de même la justice de Christ est plus forte que le péché d'Adam. Et si le péché d'Adam fut efficace pour nous constituer pécheurs et enfants de colère sans aucune faute actuelle de notre part, à beaucoup plus forte raison la justice de Christ sera-t-elle efficace pour nous faire devenir justes et enfants de la grâce, sans aucune œuvre de notre part. Car aussi nos œuvres ne peuvent être bonnes tant que nous ne sommes pas nous-mêmes rendus justes et bons par la foi. De tout ceci ressort combien est fondamentale l'erreur de ceux qui, à cause de quelque grand péché, doutent de la miséricorde de Dieu, ne croyant pas qu'il peut couvrir et pardonner tous les péchés, même les plus graves. Or, il le peut, ayant déjà puni dans son Fils unique toutes nos fautes et toute notre iniquité, et, par conséquent, fait un pardon général à tout le genre humain ; pardon auquel participent tous ceux qui croient à l'Évangile, c'est-à-dire à la bienheureuse nouvelle qu'ont publiée dans le monde les Apôtres, en disant : « Nous vous supplions par Christ de vous réconcilier avec Dieu, car Celui qui n'a pas connu le péché, Il l'a fait être péché pour nous, afin que nous devinssions justice en Lui. » (2Cor.5.20)

C'est cette immense bonté de Dieu que prédisait Ésaïe dans ces divines paroles où il dépeint la passion de Jésus-Christ et ce qui l'a causée, d'une manière si admirable, qu'aucun des Apôtres ne l'a mieux décrite : « Qui a cru à notre prédication et à qui le bras de l'Éternel a-t-il été révélé ? Or, Il est monté comme un rejeton et comme une racine sortant d'une terre sèche. Il n'y a en Lui ni forme, ni éclat quand nous le regardons, il n'y a rien en Lui à le voir qui nous le fasse désirer. Il est le méprisé et le dernier des hommes, un homme de douleur. Il s'est chargé de nos langueurs et Il a porté nos douleurs ; et pour nous, nous avons cru qu'il était frappé, battu de Dieu ; mais Il a été navré pour nos forfaits et frappé pour nos iniquités ; le châtiment qui nous apporte la paix est sur Lui, et nous avons la guérison par sa meurtrissure. Nous étions tous errants comme des brebis, nous nous sommes détournés pour suivre chacun son propre chemin, et l'Éternel a fait venir sur Lui l'iniquité de nous tous. On le presse et on l'accable, et Il n'a point ouvert sa bouche ; Il a été mené à la tuerie comme un agneau, et comme une brebis muette devant celui qui la tond, même Il n'a point ouvert sa bouche. » (Ésaïe ch. 53)

Oh ! immense ingratitude, oh ! chose abominable ! si, faisant profession d'être chrétien et sachant que le Fils de Dieu a pris sur lui tous nos péchés, qu'Il les a tous effacés par son précieux sang, se laissant punir pour nous sur la croix, nous voulions prétendre nous justifier et gagner la rémission de nos péchés par nos œuvres ! — Comme si les mérites, la justice, le sang de Christ ne suffisaient pas sans que nous y ajoutions nos justices souillées et tachées d'amour-propre, d'intérêt et de mille vanités, et pour lesquelles nous devrions demander à Dieu son pardon bien plutôt qu'une récompense ! Souvenons-nous des menaces de saint Paul aux Galates, qui, trompés par de faux docteurs, ne croyaient plus que la justification par la foi fût suffisante par elle-même, et qui prétendaient se justifier aussi par la loi. C'est à eux que saint Paul dit : « Vous êtes séparés du Christ, vous tous qui vous justifiez en la loi ; vous êtes déchus de la grâce ; car nous, par l'Esprit nous attendons de la foi, l'espérance de la justice (Gal.5.4-5). Et si, chercher la justice et la rémission des péchés dans l'observation de cette loi que Dieu a donnée en Sinaï, au milieu de tant de gloire et d'appareils, si cette prétention, dis-je, c'est perdre Christ et sa grâce, que dirons-nous donc de ceux qui espèrent pouvoir se justifier auprès de Dieu par leurs propres lois et leurs observances ? Qu'ils fassent eux-mêmes la comparaison et qu'ils jugent !

Quoi ! si Dieu ne veut point donner cet honneur et cette gloire à sa propre loi, voudraient-ils qu'il l'accordât à leurs lois et à leurs constitutions ? Cet honneur n'est dû qu'à un seul : son Fils unique. Lui seul, par le sacrifice de sa passion, a fait satisfaction pour tous nos péchés passés, présents et futurs, comme le démontrent saint Paul aux Hébreux dans le septième chapitre de son Épître, et saint Jean dans les chapitres 1 et 2 de la sienne. Dès que nous nous approprions par la foi cette satisfaction de Christ, nous jouissons indubitablement de la rémission des péchés, et par sa justice nous devenons bons et justes devant Dieu. C'est pourquoi saint Paul, après avoir dit que, quant à la justice de la loi, il était sans reproche, ajoute (Phil. ch. 3) : « Mais les choses qui m'étaient un gain, je les ai estimées comme une perte à cause de l'excellence de Christ ; j'estime même que toutes choses sont une perte à cause de l'excellence de la connaissance de Jésus-Christ mon Seigneur, à cause duquel j'ai fait la perte de toutes choses ; et je les estime comme du fumier afin que je gagne Christ et que je sois trouvé en Lui, ayant, non pas ma justice, celle qui vient de la loi, mais celle qui est par la foi en Christ, la justice qui vient de Dieu par la foi, afin de le connaître. »

O paroles admirables, que tout chrétien devrait graver dans son cœur, en priant Dieu de les lui faire goûter parfaitement! Voilà comment saint Paul montre clairement que quiconque connaît véritablement Christ, juge que les œuvres de la loi sont nuisibles en tout, qu'elles éloignent l'homme de la foi en Christ, sur lequel doit reposer tout son salut, et qu'elles l'amènent à se confier en lui-même. Pressant cette vérité, saint Paul ajoute qu'il estime toutes choses comme du fumier pour gagner Christ et être trouvé vivant en Lui, voulant dire par là que quiconque se confie en ses œuvres et veut se justifier par lui-même, ne peut jamais gagner Christ ni se trouver en communion avec Lui. Or, comme c'est sur cette vérité que repose tout le mystère de la foi, il importe de la faire bien comprendre; aussi l'apôtre y met une extrême insistance et y revient à plusieurs reprises. Il répète que, rejetant toute justification extérieure, toute justice qui se fonde sur l'observation de la loi, il embrasse la justice que Dieu donne par la foi à celui qui croit en Christ : A celui, dis-je, qui croit que Christ a porté tous nos péchés, et qu'il nous a été fait de la part de Dieu sagesse, justice, sanctification et rédemption; afin que, comme il est écrit, celui qui se glorifie se glorifie dans le Seigneur et non dans ses propres œuvres (1Corinth.1.30).

Il est vrai qu'il y a quelques passages des Saintes-Écritures qui, mal compris, sembleraient contredire cette doctrine de saint Paul et attribuer la justification et la rémission des péchés aux œuvres de la charité. Mais ces passages ont trouvé déjà plusieurs interprètes distingués qui ont démontré clairement qu'on s'est trompé en les entendant dans ce sens. Pour nous, frères bien-aimés, ne suivons pas la folle opinion des Galates insensés, mais tenons ferme la vérité que nous enseigne saint Paul et donnons toute la gloire de notre salut à la miséricorde de Dieu et aux mérites de son Fils qui, par son sang précieux, nous a délivrés de l'empire de la loi et de la tyrannie du péché et de la mort, et nous a acquis le règne de Dieu et une félicité éternelle. Je dis qu'il nous a délivrés de l'empire de la loi, parce qu'il nous a donné son Saint-Esprit qui nous enseigne toute vérité ; et parce qu'ayant satisfait parfaitement à la loi, il a fait participer à cette pleine satisfaction tous ses membres, c'est-à-dire tous les vrais chrétiens. Désormais nous pouvons donc sans crainte comparaître devant le tribunal de Dieu, étant revêtus de la justice de notre Sauveur et rachetés par lui de la malédiction de la loi. (Gal.3.13)

La loi ne peut donc plus nous accuser ou nous condamner (Rom.8.33) ; elle ne peut plus ni irriter nos penchants mauvais et nos convoitises, ni augmenter en nous le péché. « L'acte écrit qui nous était contraire a été effacé par Christ, » dit saint Paul (Col.2.14), Christ l'a annulé, l'ayant cloué à la croix. Oui, il nous a délivrés de l'empire de la loi, et par conséquent de la tyrannie du péché et de la mort. Il a vaincu la mort par sa résurrection, et nous la vaincrons de même, étant les membres du corps de Christ ; de sorte que nous pouvons nous écrier avec saint Paul et le prophète Osée : « La mort a été vaincue et détruite : Où est, ô mort, ton aiguillon, où est, ô sépulcre, ta victoire ! Or, l'aiguillon de la mort c'est le péché, et la puissance du péché c'est la loi. Mais grâces à Dieu qui nous donne la victoire par Notre Seigneur Jésus-Christ. » (1Cor.15.56)

Jésus-Christ est donc cette semence bénie qui a écrasé la tête du serpent venimeux, c'est-à-dire du diable (Gen.3.15), car tous ceux qui croient en Lui et qui mettent toute leur confiance en sa grâce, surmontent avec Christ le péché, la mort, le diable et l'enfer. Oui, c'est là cette semence bénie d'Abraham, dans laquelle Dieu avait promis de bénir tout le genre humain. (Gen.22.18) Il aurait fallu que chaque individu écrasât pour lui-même cet horrible serpent et se délivrât par là de la malédiction du péché, mais c'eût été une entreprise tellement difficile, que les forces du monde entier réunies n'auraient pas pu l'accomplir. C'est pourquoi notre Dieu, ce Père des miséricordes, ému de compassion par notre misère, nous a donné son Fils unique qui nous a délivrés du venin du serpent ; il nous a été fait bénédiction et justification, pourvu que nous l'embrassions par la foi, en renonçant à tout autre moyen de salut.

Saisissons-la donc, mes très chers frères, cette justice de Christ Notre Seigneur, nous l'appropriant par le moyen de la foi. Tenons ferme notre justice qui vient, non de nos œuvres, mais des mérites de Christ, et vivons dans la joie, certains que la justice de Christ a ôté toutes nos injustices, et qu'elle nous rend bons, justes et saints devant Dieu ; certains aussi que, lorsque Dieu nous voit incorporés en son Fils bien-aimé par la foi, il ne nous regarde plus comme des fils d'Adam, mais comme ses enfants, nous faisant héritiers avec Christ de toutes ses richesses.

Sommaire :

♣ L'homme ne peut se plaindre d'être, sans sa faute, conçu et né dans le péché, puisque, sans son mérite, lui est offerte la justice de Christ.

♣ Le péché d'Adam n'étant pas plus puissant que la justice de Christ, cette justice peut justifier tous les hommes, comme le péché d'Adam a pu les soumettre tous à la condamnation.

♣ La gravité du péché ne doit pas inspirer de la défiance au pécheur.

♣ Ingratitude de savoir que Jésus-Christ a souffert pour le péché, et de vouloir se justifier par d'autres mérites que les siens.

IV

Des effets d'une foi vivante et de l'union de l'âme avec Christ.

Cette foi sainte et vive de celui qui croit que Christ s'est chargé de tous ses péchés, est tellement efficace, qu'elle rend le croyant semblable à Christ ; et que par elle il peut remporter comme Lui la victoire sur le péché, sur la mort, sur le diable et l'enfer. Et c'est par cette raison que l'Église, ainsi que chaque âme fidèle, est appelée l'épouse de Christ, et Christ, son Époux. Voyez l'union du mariage : deux deviennent *un* en étant une même chair ; les biens de l'un et de l'autre deviennent un bien commun entre eux. Ainsi, l'époux considère la dot de son épouse comme étant à lui, et celle-ci de même regarde la maison et toutes les richesses de son époux comme étant les siennes : et elles le sont en effet, car autrement ils ne seraient pas une même chair selon ce que dit l'Écriture sainte. Or, c'est ainsi que le Fils bien-aimé de Dieu a épousé l'âme fidèle ; et celle-ci n'ayant aucune chose qui fût à elle, sinon le péché, le Fils de Dieu n'a pas dédaigné de la prendre pour son épouse bien-aimée avec sa dot qui est le péché. Et comme par cette très sainte union, ce qui est à l'un devient propriété de l'autre ; Christ a dit : La dot de l'âme, mon épouse chérie, c'est-à-dire ses péchés et ses transgressions de la loi, la colère de Dieu, l'audace du diable, le danger de l'enfer et tous ses autres maux, sont devenus ma propriété ; je les ai en mon pouvoir, et c'est à moi d'en faire ce qu'il me plaira. C'est pourquoi je veux les jeter dans le feu ardent de ma Croix et les anéantir. Lorsque Dieu vit son Fils tout chargé des péchés de son épouse, il le frappa, le mit à mort sur le bois de la croix. Mais parce qu'il était son Fils bien-aimé, obéissant jusqu'à la mort, il le ressuscita, le faisant passer de la mort à la vie ; il lui donna tout pouvoir dans le ciel et sur la terre et le fit asseoir à sa droite (Matth.27.18). L'épouse, de son côté, se dit avec une grande allégresse : Les royaumes et les empires de mon Époux bien-aimé sont à moi, je suis reine et impératrice du ciel et de la terre (Phil.2.9) ; les richesses de mon Époux, c'est-à-dire sa sainteté, son innocence, sa justice, sa divinité, ainsi que toutes ses vertus et son pouvoir sont devenus ma propriété, et par Lui je suis sainte, innocente, juste et divine. Il n'y a plus aucune tache en moi, je suis belle et pure, parce que mon divin Époux est sans tache, beau et pur.

Dès sa nativité parfaitement sainte, il a sanctifié la naissance souillée de son épouse, conçue dans le péché. Son enfance, sa vie sainte, ont de même justifié la vie et les œuvres imparfaites de son épouse bien-aimée. Car tel est l'efficace de l'amour et de la communion qui existent entre l'âme du vrai chrétien et son Époux, Jésus-Christ, que les œuvres même de l'un deviennent communes à l'autre. Aussi, quand il nous est dit : Christ a jeûné, Christ a prié et a été exaucé de son Père, il a ressuscité les morts, il a délivré les hommes des démons, il a guéri les malades, il est mort, il est ressuscité et monté au ciel, — on peut affirmer, de toutes ces choses, que le chrétien les a faites parce que les œuvres de Christ sont les œuvres du chrétien, qui les a accomplies en Lui. Ainsi, l'on peut dire en toute vérité que le chrétien a été attaché à la croix et mis au sépulcre, qu'il est ressuscité et monté au ciel, qu'il a été fait enfant de Dieu et participant de la nature divine. En revanche, aussi, toutes les œuvres du chrétien sont les œuvres de Christ ; il les regarde comme siennes ; mais ces œuvres sont souillées, et Lui, étant saint et ne pouvant rien supporter d'imparfait, il les rend parfaites au moyen de sa vertu ; car il veut que son épouse soit toujours joyeuse et sans aucune crainte, sachant que, quelque défectueuses que soient ses œuvres, elles sont cependant agréables à Dieu, à cause de son Fils, auquel il a continuellement égard.

Oh ! immense bonté de Dieu ! Combien sont grandes les obligations du chrétien envers Lui ! Il n'y a pas d'amour humain, quelque profond qu'il soit, qui se puisse comparer à l'amour de Christ, l'Époux bien-aimé de toute âme chrétienne ; amour que saint Paul décrit en disant (Éphés.5.25 et suiv.) que Christ a aimé l'Église, c'est-à-dire chaque âme devenue son épouse, et qu'il l'a sanctifiée, l'ayant purifiée par le baptême d'eau dans la Parole, afin qu'il la présentât glorieuse, cette Église, n'ayant ni tache, ni ride, ni rien de semblable, mais qu'elle fût au contraire sainte et irrépréhensible, c'est-à-dire semblable à Lui en sainteté et en innocence, vraie enfant de Dieu : « Car Dieu a tant aimé le monde, dit Christ, qu'il a donné son Fils unique afin que quiconque croit en Lui ne périsse pas, mais qu'il ait la vie éternelle ; car Dieu n'a point envoyé son Fils dans le monde pour qu'il juge le monde, mais pour que le monde soit sauvé par Lui. Qui croit en Lui n'est point jugé. » (Jean.3.16)

Quelqu'un pourrait me demander : Comment se fait cette union de l'âme, l'épouse, avec Christ son Époux ? Quelle certitude puis-je obtenir que mon âme soit unie avec Christ et devienne son épouse ? Comment puis-je me glorifier dans la possession de ses richesses, ainsi que le fait l'épouse dont vous parlez ? Il me serait plus facile de croire que d'autres reçoivent cet honneur et cette gloire ; mais que je sois moi-même un de ceux auxquels Dieu accorde tant de grâces, c'est ce dont je ne puis me persuader ; je connais trop bien ma misère et mes imperfections.

Bien-aimé frère, je te répondrai que cette certitude n'est autre chose qu'une vraie et vive foi, par laquelle, comme dit saint Pierre (Act.15.9), Dieu purifie le cœur. Et cette foi consiste à croire à l'Évangile (Marc.16.16), qui a été publié de la part de Dieu par tout le monde, pour proclamer que Dieu a épuisé sur Christ les rigueurs de sa justice, punissant en Lui tous nos péchés. Quiconque accepte cette bonne nouvelle et la croit, celui-là possède la vraie foi ; il a part à la rémission des péchés, il est réconcilié avec Dieu, et d'enfant de colère, il est devenu enfant de grâce ; il recouvre l'image de Dieu et il entre dans son règne (2Cor.3.18) ; il devient le temple de Dieu, et Dieu lui-même unit son âme à son Fils unique par le lien de la foi, qui est une œuvre et un don de Dieu. Ce don, Dieu le fait à tous ceux qu'il a appelés à Lui pour les justifier, les glorifier et leur donner la vie éternelle, comme Christ en rend témoignage par ces paroles : « C'est ici la volonté de Celui qui m'a envoyé, que quiconque contemple le Fils et croit en Lui a la vie éternelle, et je le ressusciterai au dernier jour. » (Jean.6.40) Et encore (Jean.3.14) : « Comme Moïse éleva le serpent au désert, de même il faut que le Fils de l'Homme soit élevé, afin que quiconque croit en Lui ait la vie éternelle. » Il dit aussi à Marthe (Jean.11.25) : « Celui qui croit en moi, fût-il mort, il vivra, et celui qui vit et croit en moi ne mourra jamais. » Et aux troupes juives : « Moi, la lumière, je suis venu dans ce monde afin qu'aucun homme, croyant en moi, ne demeure dans les ténèbres. » (Jean.12.16) « En ceci a été manifesté l'amour de Dieu pour nous, dit saint Jean (1Jean.4.9), que Dieu a envoyé son Fils unique dans le monde afin que nous vivions par Lui. C'est en ceci qu'est l'amour : non que nous ayons aimé Dieu, mais que Lui nous a aimés et qu'il a envoyé son Fils en propitiation pour nos péchés. »

De plus, il l'a envoyé pour détruire nos ennemis, et à cette fin il l'a fait participer à la chair et au sang de notre nature, afin que, comme dit saint Paul (Héb.2.14) : « Par le moyen de la mort il détruisit celui qui a le pouvoir de la mort, c'est-à-dire le diable, et qu'il délivrât ceux qui par la crainte de la mort étaient toute leur vie assujettis à l'esclavage. »

Ayant donc le témoignage de la Parole de Dieu dans ces promesses dont nous avons parlé et dans beaucoup d'autres passages des saintes Écritures, nous ne pouvons plus douter que ces promesses ne soient vraies. Et lorsque la Bible parle dans un sens général, personne ne doit douter que ce qu'elle dit ne s'adresse à lui. Pour rendre plus claire la vérité qui nous occupe (car c'est en elle que consiste tout le mystère de la foi), supposons qu'un roi juste et bon ait fait publier un édit portant que tous les rebelles peuvent revenir avec sûreté dans son royaume, et les assurant qu'à cause des mérites d'un de leurs proches parents, il leur a pardonné à tous. Certainement aucun de ces rebelles ne pourrait douter qu'il ait obtenu le pardon de sa révolte, mais tous retourneraient dans leurs maisons pour vivre sous la protection de ce saint roi ; et si quelqu'un d'eux ne le faisait pas, il porterait la peine de son incrédulité, en mourant dans l'exil et dans la disgrâce de son roi. Ce roi saint, c'est le Seigneur du ciel et de la terre, qui par les mérites de Christ, notre allié par le sang, nous a pardonné toutes nos rébellions et, comme nous l'avons dit, a fait publier un édit dans le monde entier, afin que tous reviennent en sûreté dans son royaume. Tous ceux donc qui croient à cet édit, retournent au royaume de Dieu (dont ils ont été chassés par le péché de nos premiers parents), pour se laisser gouverner dans la félicité par l'Esprit de Dieu. Ceux, au contraire, qui n'ajoutent pas foi à cet édit, ne jouissent pas de ce pardon général ; ils demeurent dans l'exil sous la tyrannie du diable, à cause de leur incrédulité, ils vivent et meurent dans une extrême misère, et sous la disgrâce du Roi du ciel et de la terre. Et ils l'ont mérité ; car nous ne pouvons pas offenser Dieu plus grièvement qu'en le faisant menteur et trompeur, et c'est ce qui nous arrive lorsque nous n'ajoutons pas foi à ses promesses.

Oh ! qu'il est grave ce péché de l'incrédulité qui dérobe à Dieu sa gloire et sa perfection, sans parler du malheur irréparable de la propre damnation et du tourment continuel

d'esprit qu'éprouve en cette vie la conscience misérable !
Celui, au contraire, qui s'approche de Dieu avec un cœur
sincère et une pleine certitude de foi (Hébr.10.22), croyant ses
promesses sans la moindre défiance, tenant pour certain
que tout ce que Dieu promet aura son accomplissement, —
celui-là donne gloire à Dieu ; il vit dans une paix continuelle,
dans une joie que rien ne trouble, et bénissant toujours le
Dieu qui l'a élu pour la gloire de la vie éternelle, ce dont il a
pour garant très certain le Fils de Dieu même, son Époux
bien-aimé, par l'aspersion de son sang. (1Pierre.1.1 ; Hébr.10.22)

Et cette très sainte foi opère en nous une vive espérance,
une confiance inaltérable en la miséricorde de Dieu qui vit et
agit dans notre cœur. Ainsi, nous nous reposons entièrement
en Dieu, nous lui abandonnons le soin de notre vie, et sûrs
de sa bienveillance, nous ne craignons plus ni Satan, ni ses
serviteurs, ni la mort.

Cette confiance ferme et courageuse en la miséricorde
de Dieu dilate le cœur, l'attire vers Dieu, le remplit des plus
douces affections et de la plus ardente charité. C'est ainsi
que saint Paul nous exhorte à aller avec assurance au trône
de la grâce (Hébr.4.16), et à ne pas rejeter notre assurance qui
a une grande rémunération. (Hébr.10.35)

Cette sainte confiance est opérée dans le cœur par l'Esprit de Dieu que la foi nous communique, et elle n'est jamais
vide de l'amour divin. De là vient que cette force d'en haut
nous pousse aux bonnes œuvres avec une telle puissance
et une telle inclination, que nous sommes prêts à faire avec
joie et à supporter toutes choses, même les plus terribles,
pour l'amour et pour la gloire de notre bon Dieu et Père,

qui nous a enrichis par Christ de cette grâce si abondante, de cette faveur inespérée, ayant fait de nous, qui étions ses ennemis, ses enfants bien-aimés.

Dès que Dieu donne à une âme cette vraie foi, elle se sent embrasée d'un ardent amour qui produit de bonnes œuvres, qui rend les plus doux fruits et pour Dieu et pour le prochain, comme le fait un arbre excellent. Il est tout aussi impossible de mettre le feu à une fascine de bois sans qu'il en sorte de la chaleur et de la lumière. C'est là cette sainte foi, sans laquelle il est impossible de plaire à Dieu (Hébr.11.6), et par laquelle tous les saints de l'ancienne et de la nouvelle Alliance ont été sauvés, selon le témoignage de saint Paul et de l'Écriture, qui dit d'Abraham qu'il crut à Dieu et que sa foi lui fut imputée à justice. (Rom.4.3 ; Gen.15.6) Le même apôtre avait dit un peu auparavant (Rom.3.28) : Nous croyons donc que l'homme est justifié par la foi sans les œuvres de la loi. Et ailleurs (Rom.11.5) : Il y a donc à présent un résidu de sauvé selon l'élection de la grâce ; or, si c'est par la grâce, ce n'est plus par les œuvres, autrement la grâce n'est plus la grâce. Et aux Galates (Gal.3.11 et suiv.), il dit : « Il est manifeste que personne n'est justifié devant Dieu par la loi, puisqu'il est écrit : le juste vivra par la foi. Or la loi n'est pas de la foi, mais l'homme qui aura fait ces choses vivra par elles. » Il venait de dire encore (Gal.2.16) : « Sachant que l'homme n'est pas justifié par les œuvres de la loi, mais seulement par la foi en Jésus-Christ. » C'est pourquoi il ajoute bientôt après que si la justice est par la loi, Christ est donc mort en vain. Dans l'Épître aux Romains (Rom.10.9 et suiv.), comparant la justice de la loi avec la justice de l'Évangile, il enseigne que celle-là consiste dans les œuvres, et celle-ci dans la foi ; c'est pourquoi « si tu confesses de ta bouche le Seigneur Jésus-Christ, et que tu croies en ton cœur que Dieu l'a ressuscité des morts, tu seras sauvé ; car du cœur on croit à la justice, et de la bouche on fait confession à salut. »

Voilà comment saint Paul démontre clairement que la foi, sans aucun secours des œuvres, rend l'homme juste. Et non seulement cet apôtre, mais les saints docteurs venus après lui ont confirmé et approuvé cette importante vérité de la justification, par la foi. A leur tête se présente saint Augustin, défendant cette doctrine dans son livre *de la Foi et des Œuvres*, dans celui *de l'Esprit et de la Lettre*, dans les *quatre-vingt-trois questions*, dans son *écrit au pape Boniface*, dans son *Exposition du Psaume 31* et en plusieurs autres endroits, dans lesquels il démontre que nous sommes justifiés par la foi, sans les œuvres de la loi. Il enseigne en effet que ces œuvres ne sont jamais la *cause*, mais l'*effet* de la justification, et il prouve que les paroles de saint Jacques, sainement comprises, ne sont point en opposition avec cette doctrine.

Origène aussi défend la même doctrine dans son quatrième livre sur l'Épître aux Romains, affirmant que l'enseignement de saint Paul établit que la foi est suffisante pour la justification, de sorte que l'homme pécheur, par cela seul qu'il croit, devient juste devant Dieu, bien qu'il n'eût fait encore aucune bonne œuvre. C'est ainsi, ajoute-t-il, que le brigand crucifié fut justifié sans les œuvres de la loi, parce que le Seigneur n'a point recherché ce qu'il avait fait auparavant, ni attendu jusqu'à ce qu'il eût opéré aucune œuvre après avoir cru ; mais l'ayant justifié sur sa seule confession, il l'accepta pour compagnon de son entrée dans le paradis. De même, cette femme célébrée dans l'Évangile de saint Luc (Luc.7.37, et suiv.) entendit aux pieds de Jésus-Christ ces paroles : « Tes péchés te sont pardonnés. » Et bientôt après : « Ta foi t'a sauvée, va en paix. » — Origène ajoute ensuite : « Dans plusieurs passages de l'Évangile, on voit par les paroles du Seigneur, qu'il enseignait que la foi est la cause du salut du croyant. Ainsi l'homme est justifié par la foi à laquelle n'ajoutent rien les œuvres de la loi. Là au contraire où n'est pas cette foi qui justifie le croyant, quelles que soient les œuvres d'un homme commandées par la loi, quelque bonnes que ces œuvres puissent paraître, elles ne peuvent le justifier, parce qu'elles ne sont pas le fruit de la foi, ce signe de ceux que Dieu justifie. Et quel est l'homme qui puisse se glorifier de sa justice, quand il entend le prophète dire à Dieu (Esa.64.6) : « Toutes nos justices sont comme le linge le plus souillé. » Ainsi, nulle gloire n'est légitime, sinon celle de la foi en la croix de Christ.

Saint Basile, dans son *Homélie sur l'humilité,* demande expressément que le chrétien ne s'estime juste que par la foi seule en Christ. Voici ses paroles : L'apôtre dit : « Que celui qui se glorifie, se glorifie dans le Seigneur, car c'est Lui qui nous a été fait de la part de Dieu sagesse, justice, sanctification et rédemption, afin que, selon qu'il est écrit, celui qui se glorifie, se glorifie dans le Seigneur. » (1Cor.1.30) Voilà le parfait sujet de gloire en Dieu, quand l'homme, au lieu de s'enfler de sa propre justice, reconnaît qu'il n'a aucune vraie justice, et que par la foi seule en Christ il est justifié. C'est ainsi que Paul se glorifie de mépriser sa justice et de chercher en Christ par la foi la justice qui vient de

Dieu. »

Saint Hilaire, dans son exposition de saint Matthieu, au chapitre 9, s'exprime ainsi : « Les scribes se scandalisaient de ce que le péché était remis par un homme, car ils considéraient Jésus-Christ comme un simple homme, et cependant il pardonnait les péchés que la loi ne pouvait remettre, parce que la foi seule justifie. »

Saint Ambroise, exposant ces paroles de l'apôtre Paul (Rom.4.5 et suiv.) : « A celui qui croit en Celui qui justifie l'impie, sa foi lui est imputée à justice, selon le dessein de la grâce de Dieu, ainsi que David déclare le bonheur de l'homme à qui Dieu impute la justice sans les œuvres ; — saint Ambroise, dis-je, écrit ce qui suit sur ces paroles : « Saint Paul dit qu'à celui qui croit en Christ, c'est-à-dire à un païen, sa foi lui est imputée à justice aussi bien qu'à Abraham. Comment donc les Juifs pouvaient-ils penser qu'ils obtiendraient par les œuvres de la loi la justice d'Abraham, puisqu'ils voyaient que ce patriarche avait été justifié, non par les œuvres de la loi, mais par la foi seule ? Il suit de là que la loi n'est pas nécessaire, puisque l'impie est justifié devant Dieu par la foi seule, selon le dessein de la grâce de Dieu. Ainsi il dit qu'il a été déterminé de Dieu que la loi doit cesser et que l'injuste ne demandera plus son salut que par la foi seule en la grâce de Dieu, selon les paroles de David. L'apôtre confirme ce qu'il a dit par l'exemple du prophète : En déclarant le bonheur de l'homme à qui Dieu impute la justice sans les œuvres, David entend que ceux-là sont bienheureux qui, selon le dessein arrêté de Dieu, sans aucune peine et sans aucune observation de la loi, sont par la foi seule justifiés devant Dieu. Ainsi il proclame le bonheur du temps où Christ est né, comme le Seigneur dit lui-même : Plusieurs justes et plusieurs prophètes désirèrent de voir ce que vous voyez et d'entendre ce que vous entendez, et ne l'ont point vu et point entendu. » — Le même Ambroise, en expliquant le premier chapitre de la première Épître aux Corinthiens, dit de la manière la plus claire : « Quiconque croit en Christ est justifié sans les œuvres et sans aucun mérite, recevant par la foi seule la rémission de ses péchés. » Le même Père, dans une lettre à Irénée, s'exprime ainsi : « Que nul ne se glorifie de ses œuvres, car nul n'est justifié par ses œuvres ; mais quiconque est juste, a la justice comme un don, parce qu'il est justifié par Christ. Ainsi c'est la foi qui nous sauve par le sang de Christ ; celui donc est bienheureux, à qui le péché est remis par le pardon. »

Saint Bernard enseigne la même doctrine dans son 77e discours sur le Cantique, affirmant que nos mérites n'ont aucune part dans notre justification, laquelle doit être tout entière attribuée à la grâce, qui nous justifie gratuitement, et ainsi nous affranchit de la servitude du péché. Il ajoute que Christ épouse l'âme et l'unit à lui par la foi, sans l'intervention d'aucun mérite de nos œuvres.

Mais pour ne pas prolonger ces citations, je les terminerai par une très belle parole d'Ambroise. Dans le livre intitulé : *De Jacob et de la vie bienheureuse,* ce saint homme dit que de même que Jacob, qui n'avait pas mérité par lui-même le droit d'aînesse, se cacha dans l'habit de son frère, s'orna de son vêtement, d'où s'exhalait la plus suave odeur, et se présenta ainsi devant son père pour recevoir à son avantage la bénédiction au nom d'un autre (Gen.27.1 et suiv.), — de même il faut que nous nous revêtions de la justice de Christ par la foi, et que nous nous cachions sous la précieuse pureté de notre frère aîné, si nous voulons être reçus comme justes en la présence de Dieu. — Et certainement cela est vrai. Si nous comparaissons devant Dieu non revêtus de la justice de Christ, sans aucun doute nous serons tous jugés comme injustes et dignes de toute condamnation. Au contraire, Dieu nous acceptera comme justes, saints et dignes de la vie éternelle, s'il nous voit ornés de la justice de Christ. Et certes elle est grande la témérité de ceux qui prétendent parvenir à la justification par l'observation des commandements de Dieu, qui tous sont compris en ce que nous aimions Dieu de tout notre cœur, de toute notre âme, de toutes nos forces, et notre prochain comme nous-mêmes. (Matth.22.37 et suiv.) Qui sera donc assez arrogant, assez insensé pour oser croire qu'il ait accompli parfaitement ces deux préceptes ? et qui ne voit que la loi de Dieu, requérant de l'homme un amour parfait, condamne toute imperfection ?

Que chacun donc considère celles de ses actions qui lui paraissent bonnes en partie, et il trouvera qu'elles doivent plutôt s'appeler des transgressions de la loi sainte, parce qu'elles sont imparfaites et impures. C'est ainsi que David s'écrie (Psa.143.2) : « N'entre point en jugement avec ton serviteur, car aucun homme vivant ne sera justifié devant toi. » Et Salomon (Prov.20.9) : Qui peut dire : « J'ai purifié mon cœur, je suis net de mon péché ? » — Job aussi s'écrie (Job.15.14 et suiv.) : « Qu'est-ce que l'homme, qu'il soit pur, et celui qui est né de femme, qu'il soit juste ? Voici, même parmi ses saints il n'y en a point qui ne chancelle, et les cieux ne sont point purs en sa présence. Combien plus est abominable et inutile l'homme qui boit l'iniquité comme l'eau ? » Et saint Jean dit (1Jean.1.8) : « Si nous disons que nous n'avons point de péché, nous nous séduisons nous-mêmes. » Le Seigneur enfin nous enseigne à dire, chaque fois que nous prions : « Pardonne-nous nos péchés. »

De là on peut mesurer la folie de ceux qui font trafic de leurs œuvres, présumant de pouvoir par elles, non seulement se sauver eux-mêmes, mais encore leur prochain, comme si le Seigneur n'avait pas dit (Luc.16.10) : « Quand vous aurez fait tout ce qui vous est commandé, dites : Nous sommes des serviteurs, car nous avons fait ce que nous étions obligés de faire. » Voici donc qu'alors même que nous aurions observé parfaitement la loi de Dieu, nous devrions nous juger et nous appeler serviteurs inutiles. Or, tous les hommes étant si extrêmement loin de cette parfaite observation, quelqu'un osera-t-il se glorifier d'avoir ajouté à la juste mesure un tel trésor de mérites, qu'il en ait à donner à d'autres ?

Mais pour revenir à notre sujet : Que le pécheur orgueilleux qui, parce qu'il a fait quelques œuvres bonnes et louables aux yeux du monde, prétend se justifier devant Dieu, considère que toutes ces œuvres, provenant d'un cœur impur, sont elles-mêmes impures et souillées, et n'ont, par conséquent, aucune valeur ni aucune efficace devant Dieu pour le justifier. Nous devons donc, avant tout, purifier notre cœur, si nous voulons que nos œuvres plaisent à Dieu ; et cette purification consiste dans la foi, comme l'affirme le Saint-Esprit par la bouche d'un apôtre.

Il ne faut donc pas dire que l'homme injuste et pécheur devient par ses œuvres juste, bon et agréable à Dieu ; mais il faut dire que la foi purifie notre cœur de tous péchés et nous *rend* justes, bons et agréables à Dieu. Elle fait ainsi que nos œuvres, quelque imparfaites et défectueuses qu'elles soient, plaisent à la majesté de Dieu. En effet, étant, par la foi, devenus les enfants de Dieu, il considère nos œuvres comme un père miséricordieux et non comme un juge sévère, ayant compassion de nos infirmités et nous regardant comme les membres de son Fils premier-né, dont la justice et la perfection ont suppléé à nos imperfections et à nos souillures. Couverts de la pureté et de l'innocence de Christ, nos péchés ne nous sont plus imputés et ne paraîtront point en jugement devant Dieu. De là vient que nos œuvres, procédant d'une vraie foi, quelqu'impures et imparfaites qu'elles soient en elles-mêmes, seront toutefois approuvées et louées par Christ au jour du jugement universel, en tant qu'elles sont le fruit et le témoignage de la foi véritable par laquelle nous sommes sauvés. En effet, ayant aimé les frères de Christ, nous aurons prouvé clairement que nous sommes aussi nous-mêmes les fidèles frères de Christ. (Matth.25.35) Et par la foi nous serons introduits dans la parfaite possession du royaume éternel que notre Dieu nous a préparé dès avant la création du monde (Matth.25.34), non par nos mérites, mais par sa miséricorde, par laquelle il nous a élus et appelés à la grâce de l'Évangile, et nous a justifiés et glorifiés pour l'éternité avec lui et son Fils unique Jésus-Christ notre Seigneur, notre sanctification et notre justice. Mais cette justice ne saurait appartenir à ceux qui ne veulent pas confesser qu'elle est suffisante par elle-même pour rendre l'homme juste et agréable à Dieu, dont la paternelle bienveillance nous offre et nous donne Christ avec sa justice, sans aucun mérite de nos œuvres.

Eh ! que peut donc faire l'homme pour mériter un si grand don, un trésor tel qu'est Christ ? Ce trésor ne se donne que par la grâce, la faveur, la miséricorde de Dieu. Et la foi seule le reçoit et nous fait jouir de la rémission de nos péchés. C'est pourquoi, quand saint Paul et les Pères disent que la foi seule justifie sans les œuvres, ils entendent qu'elle seule nous met en possession du pardon, parce qu'elle seule nous fait recevoir Christ, qui, comme le dit saint Paul, habite dans nos cœurs par la foi après avoir vaincu les terreurs de la conscience, satisfait à la justice divine pour nos péchés, éteint la colère de Dieu et le feu de l'enfer, dans lequel nous aurait précipités notre corruption, et détruit les démons avec toute leur puissance et leur tyrannie. Voilà ce que toutes les œuvres réunies de l'humanité entière n'auraient pu ni faire, ni accomplir. Une telle gloire, une telle victoire est réservée au Fils de Dieu seul, à ce Christ béni qui est puissant au-dessus de toutes les puissances du ciel, de la terre et de l'enfer, et qui se donne avec tous ses mérites à ceux qui, désespérant d'eux-mêmes, mettent toute leur espérance de salut en lui et en sa justice.

Cependant, que nul en entendant soutenir que la foi seule justifie ne se trompe lui-même, s'imaginant, comme le font les faux chrétiens qui abusent de tout pour vivre selon la chair, que la vraie foi consiste à croire à l'histoire de Jésus-Christ, comme l'on croit à l'histoire de César ou d'Alexandre. Cette croyance historique, fondée sur la simple relation des hommes ou des Écritures, et légèrement imprimée dans l'âme par l'habitude, est semblable à la foi des Turcs, qui croient de la même manière toutes les fables du Coran. Une telle foi est une imagination humaine qui ne renouvelle rien dans le cœur de l'homme, qui ne le réchauffe point de l'amour divin et qui n'est suivie d'aucune bonne œuvre de la foi et de la vie spirituelle.

C'est donc une erreur contraire aux Écritures et à la doctrine de la sainte Église chrétienne, que de dire que la foi seule ne justifie pas, mais qu'il faut y ajouter les œuvres pour le salut. Je réponds à ceux qui parlent ainsi, que cette foi historique, parfaitement vaine, avec toutes les œuvres qu'on pourrait y joindre, non seulement ne justifie pas, mais précipite au fond de l'enfer tous ceux qui, comme les vierges folles, n'ont point d'huile dans leur lampe, c'est-à-dire point de foi vivante dans leur cœur.

La foi qui justifie est une œuvre de Dieu en nous, par laquelle notre vieil homme est crucifié (Rom.6.6), et nous, entièrement transformés en Christ, devenons une nouvelle créature et les enfants bien-aimés de Dieu. Cette foi divine nous rend *un* avec Christ dans sa mort et dans sa résurrection (Rom.6.5), et par conséquent elle crucifie la chair avec ses affections et ses convoitises. Nous confessons donc que par l'efficace de la foi nous sommes morts avec Christ, nous renonçons à nous-mêmes et au monde, et nous demandons que tous ceux qui font cette profession mortifient leurs membres terrestres, c'est-à-dire les affections vicieuses de l'esprit et les appétits de la chair. Nous confessons aussi que nous sommes ressuscités avec Christ, par où nous entendons vivre d'une vie spirituelle et sainte, de même nature que celle dont nous vivrons dans le ciel après la dernière résurrection. Cette très sainte foi, en nous mettant en possession du pardon que publie l'Évangile, nous introduit dans le règne de Dieu, elle pacifie la conscience et nous fait goûter une joie spirituelle et sainte. Elle nous unit à Dieu, en sorte qu'il habite dans notre cœur et revêt notre âme de lui-même. Par là, son Esprit produit en nous les mêmes dispositions qu'il produisait en Christ pendant qu'il conversait au milieu des hommes, je veux dire l'humilité, la douceur, l'obéissance à Dieu, la charité et les autres perfections par lesquelles nous recouvrons l'image de Dieu.

C'est donc avec raison que Christ attribue le salut à la foi que Dieu opère par son Esprit, et ce salut a toujours pour fruit les bonnes œuvres et la sainteté. Comment, en effet, serait-il possible que le chrétien ne devînt pas saint si, par la foi, Christ est sa sanctification ? Oui, par la foi nous sommes justes et saints. C'est pour cela que Paul appelle toujours *saints* ceux que nous nommons *chrétiens*. Il déclare que s'ils n'ont pas l'Esprit de Christ, ils ne sont pas à Lui, par conséquent ils ne sont pas chrétiens. Mais s'ils ont l'Esprit de Christ qui les anime, qui les gouverne, nous ne devons pas craindre qu'ils deviennent paresseux pour les bonnes œuvres, pourvu qu'ils se reconnaissent justifiés par la foi seule ; car l'Esprit de Christ est un Esprit de charité, et la charité ne peut pas être oisive, ni se lasser de faire du bien. Voici même le vrai sur cette question : c'est que l'homme ne peut jamais faire de bonnes œuvres si d'abord il n'a la conscience d'être justifié par la foi. Auparavant il fait des œuvres plus pour se justifier que par amour pour Dieu et pour sa gloire, et ainsi il les souille par son égoïsme et par son propre intérêt ; tandis que celui qui se reconnaît justifié par les mérites et par la justice de Christ, qu'il s'approprie par la foi, n'agit plus que pour l'amour et pour la gloire de Dieu et de Christ, et non pour lui-même et pour sa propre justification. Il suit de là que le vrai chrétien, celui qui ne se reconnaît d'autre justice que la justice de Christ, ne se demande point si les bonnes œuvres sont commandées ou non, mais animé et poussé par la violence de l'amour divin, il s'offre joyeusement en sacrifice à toutes les œuvres bonnes et chrétiennes, sans jamais se lasser de les accomplir.

Quiconque ne trouve pas en lui ces admirables effets que produit ainsi dans le chrétien la foi vivante, doit reconnaître qu'il n'a point encore la foi chrétienne et supplier Dieu dans ses prières de la lui donner, disant : Seigneur, subviens à mon incrédulité. (Marc.9.24) Et s'il entend affirmer que la foi seule justifie, qu'il ne se séduise point lui-même en disant : Pourquoi me fatiguer dans ces bonnes œuvres ? la foi suffit pour m'introduire au ciel. A quoi je réponds que sans doute la foi suffit pour introduire une âme dans le ciel, mais qu'il n'oublie pas que les démons aussi croient et qu'ils tremblent, pour parler avec saint Jacques. Oh ! voudrais-tu aller avec eux dans le ciel ? Par cette fausse conclusion, tu peux reconnaître, mon frère, dans quelle grande erreur tu te trouves. Tu penses avoir la foi qui justifie, et tu ne l'as pas. Tu dis : je suis riche, je me suis enrichi, je n'ai besoin de rien, et tu ne sais pas que tu es malheureux et misérable, et pauvre, et aveugle, et nu. Je te conseille d'acheter de Dieu de l'or passé par le feu, afin que tu deviennes riche, et des vêtements blancs, afin que tu sois vêtu, vêtu de l'innocence de

Christ, et que la honte de ta nudité ne soit pas manifestée, c'est-à-dire la souillure de tes péchés. (Apoc.3.17, suiv.)

La foi qui justifie est donc comme une flamme qui ne peut pas ne pas resplendir. Mais comme la flamme seule consume le bois sans le secours de la lumière qu'elle projette, et pourtant ne peut pas exister sans produire la lumière, ainsi en est-il de la foi : seule elle consume le péché, sans le secours des œuvres, mais elle n'existe jamais sans les bonnes œuvres. En voyant une flamme qui ne répand point de lumière, nous disons que c'est une flamme peinte et vaine. De même, si nous ne voyons pas dans un homme la lumière de ses bonnes œuvres, nous pouvons conclure qu'il n'a pas la vraie foi, la foi que Dieu opère par son Esprit, la foi qu'il donne à ses élus pour les justifier et les glorifier. Je crois fermement que c'est là ce qu'entend saint Jacques quand il dit (Jacq.2.18) : « Montre-moi ta foi par tes œuvres, et moi je te montrerai ma foi par mes œuvres ». Il entend par là que celui qui est encore adonné à l'ambition et aux plaisirs du monde a beau prétendre qu'il croit, il ne croit pas, car il ne montre pas en lui les effets de la foi.

Nous pourrions encore comparer cette très sainte foi qui justifie à la divinité qui était en Jésus-Christ. Vrai homme, mais sans péché, il opérait ces étonnants miracles, guérissant les malades, rendant la vue aux aveugles, marchant sur les eaux, ressuscitant les morts. Mais ces œuvres miraculeuses n'étaient pas la cause que Christ fût Dieu. Avant qu'il fit aucune de ces œuvres, il était le Fils unique de Dieu, et il ne lui était pas nécessaire, pour être Dieu, d'opérer ces miracles ; mais parce qu'il était Dieu, il les opérait. Ces œuvres de sa puissance ne faisaient pas qu'il fût Dieu, mais elles démontraient qu'il était Dieu. Ainsi la vraie foi, la foi vivante est une divinité dans l'âme du chrétien, qui agit pour ainsi dire miraculeusement, et ne se lasse jamais de faire de bonnes œuvres. Mais ces œuvres ne sont pas la cause qui a fait que le chrétien est chrétien, c'est-à-dire juste, bon, saint, très agréable à Dieu. Il ne lui était pas non plus nécessaire pour devenir tel d'opérer toutes ces œuvres ; mais parce qu'il est chrétien par la foi, comme Christ homme était Dieu par la divinité, il fait toutes ces actions. Donc ces bonnes actions ne font pas que le chrétien soit juste et bon, mais elles démontrent qu'il est tel. Ainsi, de même que la divinité de Christ était la cause de ses miracles, ainsi la foi, opérante par l'amour, est la cause des bonnes œuvres du chrétien. Les miracles de Christ, outre qu'ils glorifiaient Dieu, faisaient le plus grand honneur à Jésus-Christ, homme ; obéissant jusqu'à la mort, il fut élevé par sa résurrection jusqu'à la toute-puissance que Dieu lui donna au ciel et sur la terre, puissance qu'il n'avait pas auparavant comme homme, mais qu'il mérita par l'union du Verbe divin avec l'humanité en Christ. Il en est de même de la foi dans le chrétien : par l'intime union où elle est avec l'âme, tout ce qui est propre à l'une est attribué à l'autre. L'Écriture sainte promet quelquefois au fidèle la vie éternelle pour ses bonnes œuvres, parce que les bonnes œuvres sont le fruit et le témoignage de la foi vivante et qu'elles en procèdent comme la lumière procède de la flamme, ainsi que nous le disions tout à l'heure. Cette très sainte foi embrasse Christ, l'unit à l'âme, de sorte que ces trois : la foi, l'âme et Christ, ne sont plus qu'*un*, et que tout ce que Christ mérite, l'âme le mérite aussi de même.

Voilà pourquoi saint Augustin dit que Dieu couronne en nous ses propres dons.

C'est à cette union de l'âme avec Christ, par le moyen de la foi, que le Seigneur lui-même rend un si beau témoignage, lorsque, dans sa prière à Dieu son Père, pour ses disciples et pour ceux qui croiraient en Lui par leur parole, il dit : « Or, je ne prie pas seulement pour eux, mais pour tous ceux qui croiront en moi par leur parole, afin que tous soient un, comme toi, Père, es en moi et moi en toi, afin qu'eux aussi soient un en nous, et que le monde croie que tu m'as envoyé. Et je leur ai donné la gloire que tu m'as donnée, afin qu'ils soient un, comme nous sommes un. » (Jean.17.22 et suiv.) — Ainsi, en croyant à la parole des apôtres qui ont prêché Christ, mort pour nos offenses et ressuscité pour notre justification (Rom.4.25), nous devenons un avec Christ, qui, étant *un* avec Dieu, nous consomme aussi dans la même unité. (2Cor.6.16) Oh! gloire merveilleuse du chrétien, à qui par la foi il est donné de posséder ces choses ineffables, dans lesquelles les anges désirent de regarder! (1Pierre.1.12)

De ces considérations ressort clairement la différence qu'il y a entre nous et ceux qui défendent la justification provenant en partie de la foi, en partie des œuvres. Nous sommes d'accord en ce point, que nous établissons les œuvres lorsque nous affirmons que la foi qui justifie ne peut pas exister sans les bonnes œuvres, et que ceux qui sont justifiés par la foi sont les seuls qui fassent des œuvres vraiment dignes de ce nom de bonnes œuvres. Mais voici en quoi nous différons : Nous disons que la foi, sans le secours des œuvres, justifie ; et la raison en est évidente : c'est que par la foi nous nous revêtons de Christ; de sa justice, de sa sainteté. S'il est vrai que par la foi nous est donnée la justice de Christ, nous ne pouvons pas être assez ingrats, assez aveugles, assez impies, pour croire que cette justice ne suffise pas, sans nos œuvres, à nous rendre agréables et justes en la présence de Dieu. Et nous disons avec l'Apôtre (Hébr.9.13, suiv.) : « Si le sang des taureaux et des boucs et la cendre de la génisse, dont on fait aspersion sur ceux qui sont souillés, sanctifie, quant à la pureté de la chair, combien plus le sang du Christ, qui, par l'Esprit éternel, s'est offert lui-même à Dieu sans défaut, purifiera-t-il votre conscience des œuvres mortes, pour servir le Dieu vivant! »

Maintenant juge, chrétien pieux, laquelle de ces deux opinions est la plus vraie, la plus sainte, la plus digne d'être proclamée : la nôtre, qui glorifie le bienfait de Christ et abaisse l'orgueil humain élevant ses œuvres contre la gloire du Sauveur; ou l'autre qui, en niant que la foi justifie par elle-même, obscurcit la gloire et le bienfait de Christ, et exalte la superbe humaine qui ne peut souffrir d'être justifiée gratuitement par Jésus-Christ notre Seigneur!

Oh! me dira-t-on, c'est pourtant un puissant motif à faire de bonnes œuvres que d'admettre que par là l'homme se rend juste devant Dieu. — Je réponds que, tout en confessant que les bonnes œuvres sont agréables à Dieu, et que, par sa libéralité, il daigne les récompenser dans le ciel, nous n'en sommes pas moins fondés à affirmer avec saint Augustin que les seules œuvres vraiment bonnes sont celles que font les chrétiens justifiés par la foi. Si l'arbre n'est pas bon, peut-il produire de bons fruits? (Matth.12.33) Outre cela, ceux qui reconnaissent qu'ils n'ont d'autre justice que celle de Christ, ne font pas trafic de leurs bonnes œuvres avec Dieu, prétendant acheter par elles leur justification ; mais, embrasés de l'amour de Dieu, du désir de glorifier Christ qui les a justifiés en leur donnant tous ses mérites et toutes ses richesses, ils s'appliquent de toutes leurs forces à faire la volonté de Dieu, et ils combattent virilement contre leur égoïsme, contre le monde, contre le diable. Et s'ils tombent par l'infirmité de la chair, ils se relèvent, d'autant plus désireux de faire le bien, d'autant plus pénétrés de l'amour de leur Dieu, qui, à cause de leur union avec Christ, ne leur impute pas leurs péchés. Ils savent que Jésus a satisfait pour tous ses membres sur le bois de la croix, que toujours il intercède en leur faveur auprès du Père éternel, qui, pour l'amour de son Fils unique, les regarde d'un œil plein de miséricorde, les dirige, les défend comme ses enfants bienaimés, et enfin leur donne l'héritage éternel, les rendant conformes à la glorieuse image de Christ. (Rom.8.29) — Voilà les puissants mobiles de l'amour, qui poussent les vrais chrétiens aux bonnes œuvres. Devenus par la foi cnfanls de Dieu, participanls de la nature divine (2Pierre.1.4), ils sont invités par le Saint-Esprit qui habite en eux à vivre comme il convient aux enfants d'un tel Seigneur ; ils auraient honte de ne pas préserver pur l'honneur de leur noblesse céleste ; c'est pourquoi ils mettent tous leurs soins à vivre dans l'imitation de leur Frère aîné, Jésus-Christ, marchant dans son humilité, dans sa douceur, cherchant en toutes choses la gloire de Dieu, mettant leur vie pour leurs frères, faisant du bien à leurs ennemis, se glorifiant dans les opprobres et dans les croix de notre Seigneur Jésus-Christ. (Gal.6.14)

Ils disent avec Zacharie : « Nous avons été délivrés de la main de nos ennemis, afin que nous servions Dieu sans crainte, dans la justice, en sa présence, tous les jours de notre vie. » (Luc.1.74) — Ils disent avec saint Paul : « La grâce de Dieu a été manifestée afin que, renonçant à toute impiété et aux convoitises mondaines, nous vivions dans ce présent siècle selon la tempérance, la justice et la piété, attendant la bienheureuse espérance et l'apparition de la gloire du grand Dieu et Sauveur. » (Tite.2.14, suiv.)

Tels sont les pensées, les désirs, les affections que produit dans les justifiés la foi, œuvre de l'Esprit de Dieu. Quiconque ne sent pas dans son cœur, en tout ou en partie, ces affections divines, ces effets divins, mais s'adonne à la chair et au monde, doit tenir pour certain qu'il n'a point encore la foi qui justifie et qu'il n'est pas membre du corps de Christ. Il n'a pas l'Esprit de Christ, il n'est pas à lui. (Rom.8.9) — Et s'il n'est pas à Christ, il n'est pas chrétien. Que la sagesse humaine cesse donc désormais de combattre la justice de la très sainte foi ! Pour nous, nous donnons toute la gloire de notre justification aux mérites de Christ, dont nous nous revêtons par la foi. (Gal.3.27)

Sommaire :

- ♣ L'âme fidèle, devenue l'épouse de Christ, possède aussi toutes les richesses de Christ, son époux.

- ♣ Toutes les œuvres de Christ sont attribuées à l'âme fidèle, son épouse.

- ♣ Comment l'âme s'assure qu'elle est l'épouse de Christ.

- ♣ Ce que c'est que l'Évangile.

♣ Basile, Augustin, Ambroise, Origène, Bernard, Hilaire, enseignent la justification sans aucun mérite humain.

♣ Les œuvres des fidèles, quoique imparfaites, sont agréables à Dieu.

♣ Ce que saint Jacques entend par la foi et les œuvres.

V

Comment le chrétien se revêt de Christ.

Bien que, par tout ce qui précède, on puisse déjà entendre clairement comment le chrétien se revêt de Christ, nous voulons y insister encore un peu, sachant que, pour l'âme pieuse, s'entretenir de Christ et de ses dons ne peut jamais paraître long et fatigant, dût-on se répéter mille fois.

Je dis donc que le chrétien sait que par la foi Christ est à lui avec toute sa justice, toute sa sainteté et son innocence. — Or, de même qu'un homme se pare de vêtements magnifiques et précieux quand il veut se présenter devant un grand seigneur, de même le chrétien, orné et couvert de l'innocence de Christ et de toutes ses perfections, se présente devant Dieu, le Seigneur de l'univers, se confiant dans les mérites de Christ, exactement comme s'il avait lui-même mérité et acquis tout ce que Christ a acquis et mérité. La foi fait que nous possédons Christ et tout ce qui est de lui, comme chacun de nous possède son propre vêtement. Ainsi, se revêtir de Christ n'est pas autre chose que tenir ferme l'assurance que Christ est à nous, et que par ce vêtement céleste nous sommes agréables et acceptés devant Dieu. Il est très certain que Dieu, comme un tendre Père, nous a donné son Fils, et qu'il veut que toute sa justice et tout ce qu'il est, tout ce qu'il peut, tout ce qu'il a, soit en notre possession ; de sorte qu'il nous est permis de nous en glorifier comme si, par nos propres forces, nous l'avions opéré et mérité. Quiconque croit, ne se trouvera point trompé, mais éprouvera la parfaite vérité de ce qu'il a cru, comme nous l'avons démontré ci-dessus. Le chrétien doit donc avoir une foi ferme, une conviction inébranlable que tous les biens, toutes les grâces, toutes les richesses de Christ sont à lui, car Dieu nous ayant donné Christ, comment ne nous donnerait-il pas aussi toutes choses avec lui ? (Rom.8.32) Si cela est vrai, et cela est vrai, le chrétien peut dire en toute réalité : Je suis enfant de Dieu, Christ est mon Frère, je suis Seigneur du ciel, et de la terre, et de l'enfer, et de la mort, et de la loi ; car la loi ne peut plus ni m'accuser ni me maudire, la justice de mon Christ étant ma justice.

Cette foi, mais cette foi seule, fait que l'homme mérite le nom de chrétien, et le revêt de Christ, comme on vient de le dire. Cela peut s'appeler le grand mystère de piété dans lequel sont renfermées les choses merveilleuses et ineffables de Dieu. Ces choses ne peuvent pénétrer dans le cœur de l'homme si Dieu ne l'ouvre par sa grâce, comme il le promet par la bouche d'Ézéchiel (Ézéch.36.26), disant : « Je vous donnerai un cœur nouveau et un esprit nouveau ; j'ôterai de votre chair le cœur de pierre, et je vous donnerai un cœur de chair. »

Celui donc qui ne croit pas de cette manière, c'est-à-dire que Christ est à lui avec tous les biens qu'il possède, celui-là ne peut s'appeler chrétien ; il ne peut jamais avoir une conscience paisible et joyeuse, ni un esprit bien disposé et fervent pour les bonnes œuvres. Ces œuvres, même s'il en fait, ne seront pas véritablement bonnes.

Cette foi seule, cette confiance que nous avons dans les mérites de Christ, fait les vrais chrétiens, des hommes forts, joyeux, sereins, pénétrés de l'amour de Dieu, prompts aux bonnes œuvres, possesseurs du règne de Dieu et ses enfants bien-aimés, dans lesquels habite véritablement l'Esprit saint. Quel est l'esprit abject, vil et froid, qui puisse considérer la grandeur du don inestimable que Dieu nous a fait, en nous donnant son Fils bien-aimé avec toutes ses perfections, sans se sentir embrasé du plus ardent désir de lui ressembler dans toute sa vie ? Ne nous a-t-il pas été donné par le Père comme un modèle auquel nous devons regarder sans cesse pour transformer notre vie de manière à ce qu'elle devienne un reflet de la vie de Christ ? C'est pour cela que, comme le dit saint Pierre (1Pierre.2.21), Christ a souffert pour nous, nous laissant un exemple, afin que nous suivions ses traces.

De cette considération naît une autre manière de se revêtir de Christ, laquelle nous pouvons appeler *exemplaire*. En effet, le chrétien doit régler toute sa vie sur l'exemple du Sauveur, devenant semblable à lui dans toutes ses pensées, ses paroles, ses actions, abandonnant sa mauvaise vie passée et se revêtant de la nouvelle, qui est celle de Christ. De là les paroles de saint Paul (Rom.13.12 suiv.) : « Rejetons les œuvres de ténèbres, et soyons revêtus des armes de la lumière. Marchons honnêtement comme de jour, non dans la gourmandise et l'ivrognerie, non dans la luxure et l'impudicité, non dans les contestations et les jalousies ; mais revêtez-vous du Seigneur Jésus-Christ, et n'ayez pas soin de la chair dans ses convoitises. »

Ainsi le vrai chrétien, animé de l'amour de Christ, se dira à lui-même : Puisque Christ, qui n'avait pas besoin de moi, m'a racheté par son propre sang, étant devenu pauvre afin de m'enrichir, moi aussi, de même, je veux donner mes biens et ma vie pour l'amour et pour le salut de mon prochain. Et comme je me suis revêtu de Christ par l'amour qu'il m'a témoigné, je veux que mes frères, par l'amour que je leur témoignerai en Christ, se revêtent de moi et de tout ce que je possède. Quiconque n'agit pas ainsi n'est pas encore un vrai chrétien ; car de quel droit dirait-il : j'aime Christ, s'il n'aime pas les membres et les frères de Christ ? Si nous n'aimons pas notre prochain pour qui Christ a versé son sang précieux, nous ne pouvons pas dire en vérité que nous aimons Christ, qui, étant égal à Dieu, fut obéissant à son Père jusqu'à la mort de la croix (Philip.2.6-8), et qui nous a aimés et rachetés en se donnant lui-même à nous avec toutes ses œuvres et tout ce qu'il possédait. De la même manière, enrichis des biens abondants de Christ, nous devons être obéissants à Dieu et offrir nos œuvres, nos biens et nous-mêmes à nos frères en Christ, les servir dans tous leurs besoins, être pour eux comme un autre Christ. De même que Christ fut humble, doux, éloigné de toutes contestations (Matth.12.19), ainsi nous devons nous étudier à acquérir la même humilité, la même douceur, fuyant les querelles et les disputes non moins dans nos paroles que dans nos actes. Christ supporta toutes les persécutions, tous les opprobres du monde pour la gloire de Dieu ; ainsi, nous devons souffrir avec joie les ignominies et les mauvais traitements que les faux chrétiens réservent à tous ceux qui veulent vivre paisiblement selon Dieu. Christ laissa sa vie pour ses ennemis, et il pria pour eux sur la croix ; ainsi nous devons toujours prier pour nos ennemis et volontiers abandonner notre vie pour leur salut. C'est là suivre les traces de Christ, comme le dit saint Pierre. Quand nous connaissons Jésus-Christ, quand nous le possédons avec toutes ses richesses, quand nous nous sommes revêtus de Lui, quand par Lui nous avons été purifiés de toutes nos souillures, que nous reste-t-il, sinon à glorifier Dieu par l'imitation de Christ et à faire pour nos frères ce que Christ a fait pour nous ? D'autant plus qu'il nous a appris par sa propre Parole que tout ce que nous faisons pour nos frères qui sont aussi ses frères, il l'accepte comme fait à lui-même. Et sans aucun doute, les vrais chrétiens étant membres de Christ, nous ne pouvons leur faire ni bien ni mal, que nous ne le fassions en bien ou en mal à Christ lui-même, car il jouit et il souffre dans ses membres. Ainsi, comme Christ est devenu notre vêtement par la foi, nous devons être, par amour pour Lui, le vêtement de nos frères. Le même soin que nous avons de notre corps, nous devons l'avoir du leur, car ils sont les vrais membres de notre corps, duquel Jésus-Christ est la tête. (Éphés.4.15) Tel est l'amour divin, la charité qui naît d'une foi non feinte, d'une foi que Dieu opère dans ses élus par son Esprit et dont saint Paul dit (Gal.5.6) qu'elle est agissante par la charité.

Mais, comme la vie de Christ, dont nous devons nous

revêtir pour l'imiter, fut une croix perpétuelle pleine de tribulations, de persécutions et d'ignominies, si nous voulons nous conformer à sa vie, nous devons aussi porter continuellement la croix. (Gal.5.24) Il le dit lui-même (Luc.9.23) : « Si quelqu'un veut venir après moi, qu'il renonce à soi-même et prenne chaque jour sa croix. » La raison principale de cette croix est que notre Dieu veut par cet exercice mortifier en nous les affections de l'esprit et les appétits de la chair, afin que nous arrivions à cette perfection dans laquelle Christ nous a embrassés en nous incorporant à lui. Il veut que notre foi, raffinée comme l'or au creuset des tribulations, resplendisse à sa louange. Et d'un autre côté il veut, par notre infirmité même, glorifier sa puissance que le monde voit en nous, quand cette infirmité devient forte sous les tribulations et les persécutions, et que plus elle est abattue et opprimée, plus il la rend invincible et constante. (2Corinth.12.9) C'est pourquoi saint Paul dit (2Corinth.4.7 suiv.) : « Nous avons ce trésor dans des vases de terre, afin que l'excellence de la puissance soit de Dieu et non de nous, étant de toute manière pressés par la tribulation, mais non pas réduits à l'extrémité ; dans la perplexité, mais non pas dans le désespoir ; persécutés, mais non pas abandonnés ; abattus, mais non pas perdus ; portant toujours avec nous, en notre corps, l'état de mort du Seigneur Jésus, afin que la vie de Jésus soit aussi manifestée en notre corps. »

Voyant donc que Christ et ses chers disciples ont toujours glorifié Dieu par leurs tribulations, recevons-les aussi joyeusement, disant avec saint Paul (Gal.6.14) : « A Dieu ne plaise que je me glorifie, si ce n'est en la croix de notre Seigneur Jésus-Christ. » Faisons en sorte que le monde connaisse et voie de ses propres yeux les étonnants effets de la puissance divine en ceux qui embrassent sincèrement la grâce de l'Évangile.

Que les hommes du monde voient avec quelle tranquillité d'esprit les vrais chrétiens supportent la perte de leurs biens, la mort de leurs enfants, les ignominies, les infirmités du corps et les persécutions des faux chrétiens ; qu'ils voient comment eux seuls adorent Dieu en esprit et en vérité, acceptant de sa main tout ce qui leur arrive ; estimant bon, juste, saint, tout ce qu'il fait ; dans la prospérité comme dans l'adversité, louant et bénissant Dieu comme le meilleur des pères ; reconnaissant comme un grand don de Dieu de pouvoir souffrir pour l'Évangile et pour l'imitation de Christ ; sachant que la tribulation produit la patience, la patience l'épreuve, l'épreuve l'espérance, et que l'espérance ne confond point. (Rom.5.3-5)

Je dis que la patience produit l'épreuve. En effet, Dieu ayant promis de secourir dans leurs tribulations tous ceux qui se confient en lui, nous connaissons par l'épreuve, dans laquelle nous restons forts et constants, que nous sommes soutenus par la main de Dieu, vu que nous ne pouvons rien par nos propres forces. Ainsi, par la patience, nous faisons l'expérience que le Seigneur nous fournit le secours qu'il nous a promis dans tous nos besoins, et notre espérance s'affermit. Ne serait-ce donc pas une trop grande ingratitude de ne pas attendre pour l'avenir le même secours et la même faveur que nous avons éprouvés d'une manière si certaine et si constante ?

Mais pourquoi tant de paroles ? Il doit nous suffire de

savoir que les vrais chrétiens se revêtent par les tribulations de l'image de Christ crucifié. Si nous portons volontiers cette image, nous serons bientôt revêtus de celle de Christ glorifié. (1Corinth.15.49) « C'est pourquoi comme les souffrances de Christ abondent, ainsi par Christ abondera notre consolation. Si nous endurons, nous régnerons aussi avec lui. » (2Tim.2.12)

Sommaire :

♣ Les chrétiens suivent l'exemple de Christ.

♣ Cause de la croix des fidèles.

♣ Ce qu'entendent saint Paul et saint Jacques en disant que la patience produit l'épreuve.

VI

Quelques remèdes contre le doute

Cependant comme le démon et la prudence humaine cherchent en tous lieux à nous ravir cette sainte foi, par laquelle nous croyons que Christ a porté la peine de nos péchés, et que son précieux sang nous a réconciliés avec Dieu, il faut que le chrétien ait toujours des armes prêtes pour se défendre contre cette puissante tentation, qui cherche à priver l'âme de sa vie. Parmi ces armes, je juge que les plus efficaces sont : la prière, l'usage fréquent de la sainte communion et le souvenir de notre baptême et de notre élection.

Dans nos prières, disons comme le père du lunatique (Marc.9.24) : « Seigneur, subviens à notre incrédulité ; » et comme les apôtres (Luc.17.5) : « Seigneur, augmente-nous la foi. » Et s'il règne en nous un constant désir de croître en foi, en espérance et en charité, nous apprendrons à prier sans cesse comme saint Paul nous l'ordonne (1Thess.5.17) ; car la prière n'est autre chose qu'un fervent désir, qui a sa source en Dieu.

Par le souvenir de notre baptême, nous nous confirmons dans la paix avec Dieu. Saint Pierre dit que l'arche de Noé fut une figure du baptême (1Pierre.3.21) ; si donc Noé, croyant à la promesse de Dieu, se sauva dans l'arche devant le déluge ; de même, par la foi, nous nous sauvons dans le baptême de la colère de Dieu. Cette foi est fondée sur la Parole de Christ (Marc.16.16) : « Celui qui aura cru et qui aura été baptisé sera sauvé. » Et cela avec pleine raison, car dans le baptême nous nous revêtons de Christ, comme l'affirme saint Paul (Gal.3.17) ; et par conséquent nous sommes faits participants de sa justice et de tous ses biens. Ce précieux vêtement couvre les péchés que nous commettons par notre faiblesse ; ils ne nous sont point imputés de Dieu, et comme dit saint Paul (Rom.4.6), c'est à nous que s'adresse cette béatitude du psalmiste : « Bienheureux ceux dont les iniquités ont été pardonnées et dont les péchés ont été couverts ! Bienheureux l'homme à qui le Seigneur n'aura point compté le péché. » (Psa.32.1-2)

Mais que le chrétien se garde de voir dans cette parole une licence de péché ; car cette doctrine n'appartient point à celui qui, s'honorant du nom de chrétien, confesse Christ par ses paroles, et le renie par ses œuvres ; mais elle regarde tous les vrais chrétiens qui, bien que combattant énergiquement contre la chair, contre le monde et contre le diable, tombent cependant tous les jours, et sont forcés de dire continuellement : Pardonnez-nous nos péchés. C'est à ceux-là que nous parlons pour les consoler et les soutenir, afin qu'ils ne tombent pas dans le désespoir ; comme si le sang de Christ ne nous lavait pas de tout péché, comme s'il n'était pas l'avocat et la propitiation de tous ses membres.

Toutes les fois donc que nous serons tentés de douter de la rémission de nos péchés et que notre conscience commencera à en être troublée, recourons immédiatement, revêtus de foi, au précieux sang de Jésus-Christ, versé pour nous sur l'autel de la croix, et distribué aux fidèles dans la dernière cène, sous le voile du saint sacrement. Ce sacrement, institué par Christ pour que nous célébrions la mémoire de sa mort, rend à notre conscience angoissée l'assurance de notre réconciliation avec Dieu.

Le Christ béni fit un testament lorsqu'il dit : Ceci est mon corps qui est donné pour vous (Luc.22.19), et ceci est mon sang, le sang du nouveau testament qui est versé pour plusieurs en rémission des péchés. (Matth.26.28). Nous savons qu'un testament, comme dit saint Paul (Gal.3.15), bien que d'un homme, étant ratifié, personne ne l'annule ou n'y ajoute, et aucun testament n'est valable avant la mort, mais en cas de mort il est valable. (Héb.9.17)

Le testament de Christ, dans lequel il promet la rémission des péchés, la grâce et la bienveillance de sa part et de la part de son Père, dans lequel il lègue la miséricorde et la vie éternelle, ce testament, dis-je, a été rendu valable, Christ l'ayant confirmé par son précieux sang et par sa propre mort. Et c'est pour cela, dit saint Paul (Héb.9.15), que Christ est le médiateur d'un testament nouveau, de sorte que la mort intervenant pour le rachat des transgressions contre le premier testament, ceux qui sont appelés reçoivent la promesse de l'héritage éternel. Car où il y a un testament, il est nécessaire que la mort du testateur survienne, puisque c'est en cas de mort qu'un testament est valable, et qu'il n'a jamais de force tant que vit le testateur.

Ainsi par la mort de Christ, nous sommes sûrs et certains que ce testament est valable, dans lequel toutes nos iniquités nous sont remises, et dans lequel nous sommes faits héritiers de la vie éternelle. Et c'est comme signe et comme sceau de cette grâce qu'il nous a laissé ce divin sacrement, lequel, non seulement donne à notre âme une pleine assurance de son salut éternel, mais encore nous rend certains de l'immortalité de notre chair. (Irénée IV, 18.) Car dès à présent notre chair est vivifiée par cette chair immortelle, et devient en quelque sorte participante de son immortalité ; celui qui participe par la foi à cette divine chair, vivra éternellement (Jean.6.51) ; mais quiconque y participe sans cette foi, elle se change pour lui en un poison mortel. Car, de même que la nourriture du corps, lorsqu'elle trouve l'estomac rempli d'humeurs vicieuses, devient elle-même corrompue et nuisible, ainsi en est-il de cette nourriture spirituelle, lorsqu'elle trouve une âme vicieuse et remplie de malice et d'infidélité ; elle la jette dans une plus grande ruine, non par sa faute, mais parce qu'aux impurs et aux infidèles, aucune chose n'est pure, fût-elle même sanctifiée par la bénédiction du Seigneur. Comme le dit saint Paul (1Cor.11.27) : « Celui qui mangera de ce pain et boira de cette coupe indignement, sera coupable du corps et du sang du Seigneur ; il mange et boit sa propre condamnation, ne discernant point le corps du Seigneur. » Et celui-là ne discerne pas le corps du Seigneur, qui prend part à la cène du Seigneur sans foi et sans amour. Ne croyant point que le corps du Seigneur est sa vie et la propitiation pour tous ses péchés, il fait Christ menteur, il foule aux pieds le Fils de Dieu ; il tient pour profane le sang du testament par lequel il a été sanctifié ; il outrage l'Esprit de la grâce. (Héb.10.29) Dieu le punira sévèrement de cette infidélité et de cette coupable hypocrisie, car, ne fondant point la confiance de sa justification dans la Passion de Christ, il reçoit néanmoins ce saint sacrement, et professe ainsi qu'il ne met sa confiance en rien autre. Ainsi il s'accuse lui-même, il rend témoignage de sa propre iniquité, et il se condamne à la mort éternelle en refusant la vie éternelle que Dieu lui offre par ce saint sacrement.

Lors donc que le chrétien sent que ses ennemis veulent le surprendre, c'est-à-dire lorsqu'il doute d'avoir réellement la rémission de ses péchés par Christ et la force de vaincre le diable et ses tentations ; lorsque l'accusation de sa conscience pleine de doute le surmonte, de manière qu'il commence à craindre que l'enfer ne l'engloutisse et que la mort, par la colère de Dieu, le vainque et l'anéantisse à jamais ; lors dis-je que le chrétien éprouve ces tourments, qu'il aille avec bon courage et confiance à ce très saint sacrement, qu'il le reçoive avec dévotion, en disant dans son cœur, et en répondant ainsi à ses ennemis : Je confesse que j'ai mérité mille enfers et la mort éternelle par mes péchés, mais ce divin sacrement que je reçois maintenant, me rend sûr et certain de la rémission de toutes mes iniquités et de ma réconciliation avec Dieu. Si je regarde à mes œuvres, il n'y a pas de doute que je ne doive me reconnaître pécheur et condamné, et que jamais ma conscience ne serait tranquille aussi longtemps que je croirais que par mes œuvres mes péchés me seront pardonnés. Mais si je regarde aux promesses et à l'Alliance de Dieu, qui m'assure la rémission des péchés par le sang de Christ, je suis aussi certain d'avoir reçu ce pardon et sa grâce, que je suis certain que Celui qui a fait la promesse et l'Alliance avec nous, ne peut mentir ni tromper. Et cette foi constante me rend juste de la justice de Christ par laquelle je suis sauvé, et par laquelle ma conscience trouve la paix. (Rom.5.1) Christ n'a-t-il pas livré son corps sans péché dans les mains des pécheurs ? N'a-t-il pas répandu son sang pour laver toutes mes iniquités ? Pourquoi donc, ô mon âme, pourquoi t'affliger ? Confie-toi dans le Seigneur qui a tant d'amour pour toi, que, pour te délivrer de la mort éternelle, il a voulu la mort de son Fils unique. Il a pris sur lui notre pauvreté pour nous donner ses richesses ; il s'est chargé de notre infirmité pour nous rendre participants de sa force ; il est devenu mortel pour nous rendre immortels ; il est descendu sur la terre pour que nous puissions monter au ciel ; il s'est fait Fils de l'homme semblable à nous, afin que nous devinssions enfants de Dieu, semblables à Lui. Et maintenant « qui sera celui qui nous accusera ? Dieu est celui qui nous justifie ! Qui est-ce qui nous condamnera ? Christ est celui qui est mort pour nous, bien plus, qui est ressuscité, qui est à la droite de Dieu et qui intercède pour nous. » (Rom.8.34)

« Cesse donc, ô mon âme, les pleurs et les soupirs ! Mon âme, bénis l'Éternel, que tout ce qui est en moi bénisse le nom de sa sainteté. Mon âme, bénis l'Éternel et n'oublie aucun de ses bienfaits. C'est Lui qui pardonne toutes tes iniquités, qui guérit toutes tes infirmités, qui retire ta vie de la fosse, qui te couronne de bonté et de compassion. L'Éternel est pitoyable, miséricordieux, lent à la colère et abondant en grâces. Il ne conteste pas à perpétuité, et il ne garde pas sa colère à toujours. Il ne nous a pas fait selon nos péchés ; il ne nous a pas rendu selon nos iniquités : car autant que les cieux sont élevés par-dessus la terre, autant sa bonté est grande sur ceux qui le craignent. Il a éloigné de nous nos transgressions autant que l'Orient est éloigné de l'Occident. Comme un père est ému de compassion envers ses enfants, le Seigneur a eu compassion de nous, en nous donnant son Fils unique. »

C'est avec une telle foi, avec de telles actions de grâces, avec de telles pensées et d'autres semblables, que nous devons recevoir le sacrement du corps et du sang de notre Seigneur. C'est ainsi que la crainte est bannie de notre âme, que la charité s'augmente, que la foi s'affermit, que la conscience se rassure ; et nos lèvres ne se lasseront jamais de louer Dieu et de lui rendre grâce à toujours pour de si grands bienfaits. C'est là qu'est la force, la puissance et l'unique confiance de notre âme. C'est là le rocher sur lequel la conscience s'appuie : là, elle ne craint plus aucune tempête, pas même les portes de l'enfer, ni la colère de Dieu, ni la loi, ni le péché, ni la mort, ni les démons, ni aucune autre chose.

Et comme c'est dans ce divin sacrement que consiste toute l'essence du culte, quand le chrétien y assiste, il devrait toujours tenir les yeux de son âme, fixés sur la Passion de notre Seigneur, en contemplant d'un côté ce Sauveur en croix, chargé de tous nos péchés, et de l'autre, Dieu qui le châtie, punissant à notre place son Fils unique et bien-aimé. Oh ! que bienheureux est celui qui, fermant les yeux à tous les autres spectacles, ne veut voir ni entendre autre chose que Jésus-Christ crucifié, en qui sont cachés tous les trésors de la sagesse et de la connaissance ! Oh ! bienheureux celui qui rassasie toujours son âme d'une aussi divine nourriture, et qui désaltère son cœur de l'amour de Dieu, à une source si précieuse et si salutaire !

Mais avant de terminer cette méditation, je veux encore rappeler à mes lecteurs chrétiens que saint Augustin avait coutume de nommer ce divin sacrement le lien de la charité et le mystère de l'unité, et qu'il dit à ce sujet : « Celui qui reçoit le mystère de l'unité et ne conserve point le lien de paix, ne reçoit point ce mystère pour lui, mais il le reçoit en témoignage contre lui. » Nous devons donc nous rappeler que le Seigneur a institué ce sacrement, non seulement pour nous rendre certains de la rémission des péchés, mais encore pour nous pousser avec force à pratiquer la paix, l'union et la charité fraternelle : car le Seigneur nous fait participer à son corps dans ce sacrement, de telle manière que nous devenons une même chose avec Lui, et Lui avec nous. Lui donc n'ayant qu'un seul corps, duquel nous sommes tous rendus participants, il faut nécessairement que nous tous, par cette participation, devenions un même corps. Cette union nous est préfigurée dans le pain du sacrement : de même qu'il est fait d'une quantité de grains mêlés et confondus de telle sorte qu'on ne saurait plus les distinguer l'un de l'autre ; ainsi nous devons être liés et unis dans une même paix du cœur, une paix que ne puisse plus troubler la moindre division. C'est ce que démontre saint Paul lorsqu'il dit : « La coupe de bénédiction que nous bénissons n'est-elle pas la communion du sang de Christ ? Le pain que nous rompons n'est-il pas la communion du corps de Christ ? Bien qu'étant plusieurs, nous sommes un seul pain, un seul

corps, car nous sommes tous participants de ce seul pain. »
(1Cor.10.16-17)

Quand nous recevons la sainte communion, nous devons
donc considérer que nous sommes tous incorporés en Christ,
membres d'un même corps, membres, dis-je, de Christ ; de
telle sorte que nous, ne pouvons offenser, calomnier ou
mépriser un de nos frères, sans qu'en lui nous offensions,
calomnions et méprisions Jésus-Christ. Nous ne pouvons
être en discorde avec nos frères, sans l'être pareillement
avec Christ ; nous ne pouvons aimer Christ, sans l'aimer
aussi dans nos frères. Les mêmes soins que nous donnons
à notre corps, nous devons aussi les donner à ceux de
nos frères, qui sont membres de notre corps. De même
qu'aucune des parties de notre corps ne peut souffrir, sans
que cette douleur se communique à toutes les autres ; ainsi
nous ne devrions pas davantage supporter qu'aucun de
nos frères fût dans la douleur, sans nous sentir émus de
compassion.

C'est dans ces pensées que nous devons nous préparer
à ce saint sacrement, en nourrissant dans notre âme un
amour ardent pour le prochain. Car, où y aurait-il un motif
plus puissant pour nous exciter à la charité les uns envers
les autres, que de voir Christ se donnant lui-même pour
nous ? non seulement il nous invite par là à nous donner
l'un à l'autre ; mais en se donnant à tous en commun, il
fait en sorte que nous soyons tous une même âme en Lui.
Nous devons donc désirer et travailler de toute notre force
à n'être tous ensemble qu'une seule âme, un seul cœur ; à
n'avoir qu'un seul langage, à être les uns avec les autres

en communion de pensées, de paroles et d'œuvres. Chaque chrétien doit se rappeler que toutes les fois que nous recevons ce très saint sacrement, nous nous obligeons à tous les devoirs de la charité, de sorte que nous ne devons pas seulement nous garder d'offenser nos frères en aucune manière, mais encore ne point manquer à les secourir dans tous leurs besoins. Si, au contraire, quelques-uns venaient à cette sainte Table du Seigneur divisés et aliénés les uns contre les autres, ils peuvent tenir pour certain qu'ils y participent indignement, et qu'ils se rendent coupables du corps et du sang du Seigneur, mangeant et buvant leur propre condamnation ; car ils ne craignent point de diviser et de déchirer le corps de Christ. Séparés de leurs frères, c'est-à-dire des membres du corps de Christ, par la haine qu'ils leur portent, n'ayant donc aucune part en Christ, ils reçoivent néanmoins la sainte communion, et témoignent ainsi de croire que tout leur salut consiste dans la participation de Christ et dans l'union avec Lui !

Allons donc recevoir ce pain céleste, pour célébrer la mémoire de la Passion du Seigneur, pour soutenir et fortifier par ce souvenir notre foi et notre assurance de la rémission de nos péchés, pour exciter nos âmes et nos lèvres à louer et à proclamer la miséricorde infinie de notre Dieu ; et enfin pour nourrir notre charité mutuelle, et nous la témoigner les uns aux autres par cette intime communion que nous avons tous dans le corps de Jésus-Christ notre Seigneur. Outre la prière, la mémoire de notre baptême et l'usage fréquent de la sainte communion, nous avons encore un remède fort efficace contre les doutes et la crainte qui sont des ennemis de la charité : c'est le souvenir de notre prédestination et de notre élection à la vie éternelle, fondé sur la Parole de Dieu, cette épée de l'Esprit par laquelle (Ephés.6.17) nous pouvons défaire tous nos ennemis.

Réjouissez-vous, dit le Seigneur, de ce que vos noms sont écrits dans les cieux. (Luc.10.20) Il n'y a pas dans cette vie présente de plus grand sujet d'allégresse, il n'y en a pas qui console plus le chrétien, lorsqu'il est affligé, tenté, ou tombé dans quelque péché, que le souvenir de son élection et l'assurance d'être un de ceux dont le nom est écrit dans le livre de vie (Phil.4.3), et qui ont été élus de Dieu pour être conformes à l'image de Christ. (Rom.8.29) O consolation ineffable de celui qui a cette foi, et qui serre continuellement dans son cœur cette délicieuse assurance ! Il sait que Dieu son Père, qui l'a prédestiné à la vie éternelle, le soutiendra toujours et le prendra par la main s'il vient à tomber. (Psa.37.24) Il peut toujours se dire à lui-même : Si Dieu m'a élu et prédestiné à la gloire de son Fils, qui pourrait m'en séparer ? Si Dieu est pour nous, dit saint Paul (Rom.8.31), qui sera contre nous ? Or, Dieu a envoyé son Fils bien-aimé, afin d'accomplir en nous cette prédestination, et c'est Lui qui est le plus sûr garant que nous, qui avons accepté la grâce de l'Évangile, sommes au nombre des enfants de Dieu, élus pour la vie éternelle.

Cette sainte prédestination maintient le vrai chrétien dans une permanente joie spirituelle, elle augmente en lui le zèle pour les bonnes œuvres, elle allume en lui un ardent amour pour Dieu, et le rend ennemi du monde et du péché. Qui serait en effet assez orgueilleux et dur pour ne pas être tout embrasé de l'amour divin, lorsqu'il sait que Dieu par sa miséricorde l'a fait son enfant pour toute l'éternité ? Qui serait assez bas, assez lâche, pour ne point regarder comme une vile ordure toutes les délices, tous les honneurs, toutes les richesses du monde, lorsqu'il sait que Dieu l'a fait bourgeois des cieux ?

Mais les vrais enfants de Dieu sont ceux qui adorent Dieu sérieusement en esprit et en vérité, qui reçoivent toutes choses, la prospérité comme l'adversité, de la main de Dieu leur Père, en le louant et lui rendant grâce comme à un père clément, juste et saint dans toutes ses œuvres. Pénétrés de l'amour de leur Dieu et armés de la connaissance de leur prédestination, ils ne craignent ni la mort, ni le péché, ni le diable, ni l'enfer. Ils ne savent ce que c'est que la colère de Dieu, parce qu'ils ne voient en Lui que l'amour et la miséricorde d'un père envers eux. Et s'ils ont des tribulations, ils les acceptent comme une marque de la faveur de leur Dieu, et s'écrient avec saint Paul (Rom.8.35) : « Qui nous séparera de l'amour de Christ ? la tribulation ou l'angoisse, ou la persécution, ou la faim, ou la nudité, ou le péril, ou l'épée, selon qu'il est écrit : « A cause de Toi nous sommes mis à mort tout le jour ; nous avons été estimés comme les brebis de boucherie ? (Psa.44.22). Mais en toutes ces choses nous sommes plus que vainqueurs par Celui qui nous a aimés. » (Rom.8.37)

C'est pour cela que saint Jean dit, non sans cause, que les vrais chrétiens savent qu'ils doivent être sauvés et glorifiés, et que dans cette espérance ils se purifient comme Christ est pur. (1Jean.3.3) Et saint Paul, quand il exhorte ses disciples à une vie pieuse et sainte, a coutume de leur remettre en mémoire leur élection, comme une des choses les plus efficaces pour exciter l'amour de Dieu et le zèle des bonnes œuvres dans les âmes vraiment chrétiennes. Christ lui-même, par le même motif, parlait au peuple de cette sainte prédestination, sachant combien la connaissance de cette vérité est importante pour l'édification des élus.

Il me semble ici entendre quelqu'un me dire : Je conviens que ceux dont le nom est écrit dans les cieux ont raison de vivre dans une joie permanente et de glorifier Dieu par leurs paroles et par leurs œuvres ; mais je ne sais pas si je suis de ce nombre, car je vis dans une crainte permanente, surtout par la connaissance que j'ai de ma grande faiblesse et de mon penchant au péché. Je ne puis pas si bien me défendre contre la violence du mal, que je ne succombe tous les jours à sa puissance. Et lorsqu'à cela s'ajoute si souvent l'affliction sous laquelle je me sens abattu et diverses tribulations dont je suis visité, je vois pour ainsi dire des yeux la colère de Dieu qui me châtie.

Pour répondre à tous tes doutes, mon bien cher frère, je te dirai que tu dois être assuré que ce sont autant de tentations du diable, qui cherche, par tous les moyens, à te ravir ta foi et ta pleine confiance en la bienveillance de Dieu. C'est de cette précieuse assurance que le diable s'efforce de dépouiller l'âme fidèle, car il sait que nul homme n'est vraiment chrétien, s'il ne croit aux paroles de Dieu qui promettent la paix et la rémission de tous ses péchés, à quiconque accepte la grâce de l'Évangile. Je dis que quiconque, en entendant ces promesses de Dieu, ne se persuade pas que Dieu est pour lui un Père miséricordieux et indulgent, et n'attend pas à cause de cela, avec une ferme espérance, l'héritage du royaume céleste, celui-là n'est point véritablement croyant, et se rend complètement indigne de la grâce de Dieu. Saint Paul dit (Héb.3.6) que nous sommes la maison de Dieu, si du moins nous tenons ferme jusqu'à la fin l'assurance et le sujet de gloire de l'espérance. Et ailleurs il nous exhorte à ne point rejeter notre assurance, qui a un si grand prix de récompense. (Héb.10.35)

C'est pourquoi, bien aimés frères, efforçons-nous avec toute diligence à faire la volonté de Dieu, comme des enfants obéissants, et mettons toutes nos forces à nous garder du péché. Et si néanmoins nous tombons par faiblesse, ne pensons point que nous soyons des vases de colère (Rom.9.22), ou que le Saint-Esprit nous ait abandonnés ; car nous avons notre avocat auprès du Père, Jésus-Christ le juste, qui est la propitiation pour nos péchés. (1Jean.2.2) Rappelons-nous, mes frères, cette sentence de saint Augustin qui dit qu'aucun saint et aucun juste n'est sans péché, mais que néanmoins ceux qui s'attachent à la sainteté de toutes leurs affections, ne manquent ni de justice, ni de sainteté. C'est pourquoi aussi, si nous sommes dans l'affliction ou dans la tribulation, ne croyons pas que Dieu nous envoie ces épreuves parce qu'il est notre ennemi, mais plutôt croyons qu'il le fait parce qu'il est notre Père miséricordieux. Le Seigneur, dit Salomon (Prov.3.12), châtie celui qu'il aime.

Si donc nous avons accepté la grâce de l'Évangile, par laquelle l'homme est adopté de Dieu comme son enfant, nous ne devons plus douter de l'amour et de la bienveillance de Dieu : et si nous savons que la Parole de Dieu et l'imitation de la vie de Christ font notre bonheur, nous devons tenir ferme l'assurance que nous sommes les enfants de Dieu et les temples de l'Esprit-Saint. Car ces choses ne peuvent être l'œuvre de la sagesse humaine, mais elles sont des dons du Saint-Esprit, lequel habite en nous par la foi. Cet Esprit-Saint en nous est comme un sceau qui ratifie et scelle dans nos cœurs les promesses divines, dont il avait auparavant imprimé l'assurance dans notre âme. Ces promesses, il doit leur donner force et réalité en nous, et c'est ce qu'il fait par son Saint-Esprit. « Après avoir cru, dit saint Paul (Éphés.1.13), vous avez été scellés par le Saint-Esprit de la promesse qui est l'arrhe de notre héritage. »

C'est ainsi que l'apôtre démontre que le cœur des fidèles est scellé du Saint-Esprit comme d'un sceau, et c'est pour cela qu'il appelle cet Esprit, l'Esprit de la promesse, parce qu'il confirme la promesse de l'Évangile. Or, cette promesse, ainsi que nous l'avons dit plusieurs fois, c'est une bonne nouvelle qui assure la rémission des péchés et la vie éternelle à ceux qui croient qu'en Christ tous leurs péchés ont été expiés. Nous tous, qui croyons en Jésus-Christ, sommes enfants de Dieu, selon la parole de saint Paul (Gal.4.6) : « Parce que nous sommes fils, Dieu a envoyé dans nos cœurs l'Esprit de son Fils, criant : Abba ! Père ! » Et de même, écrivant aux Romains, il dit (Rom.8.14) : « Tous ceux qui sont conduits par l'Esprit de Dieu sont fils de Dieu : car vous n'avez pas reçu un esprit d'esclavage pour être encore dans la crainte ; mais vous avez reçu un esprit d'adoption par lequel nous crions : Abba ! Père ! L'Esprit lui-même rend témoignage à notre esprit que nous sommes enfants de Dieu. Et si enfants, nous sommes aussi héritiers. »

Il faut remarquer que dans ces deux passages saint Paul parle clairement, non d'une révélation exceptionnelle, mais du témoignage que le Saint-Esprit rend de la même manière à tous ceux qui acceptent la grâce de l'Évangile. Si donc le Saint-Esprit nous rend certains que nous sommes enfants et héritiers de Dieu, pourquoi devrions-nous douter de notre élection ? Dans la même épître, l'apôtre dit : « Ceux que Dieu a prédestinés, il les a aussi appelés ; et ceux qu'il a appelés, il les a aussi justifiés ; et ceux qu'il a justifiés, il les a aussi glorifiés. Que dirons-nous donc à ces choses ? Si Dieu est pour nous, qui sera contre nous ? »

Si donc je reconnais clairement que Dieu m'a appelé, me donnant la foi et les effets de la foi, qui sont la paix de la conscience, la mortification de la chair et la vie nouvelle de l'Esprit, qu'il me l'a donnée, dis-je, ou en entier ou seulement en partie, pourquoi devrais-je douter de mon élection en grâce ? Et comme tous les vrais chrétiens, c'est-à-dire ceux qui croient à l'Évangile, reçoivent (nous parlons avec saint Paul : 1Cor.2.12), non l'esprit de ce monde, mais l'Esprit qui vient de Dieu, afin que nous connaissions les choses qui nous ont été gratuitement données par Dieu ; pouvons-nous après cela nous étonner en apprenant que Dieu nous a de toute éternité donné la vie éternelle ?

Mais il y a des hommes qui prétendent que personne ne doit être assez arrogant pour se glorifier en disant qu'il a l'Esprit de Christ. Ceux qui disent cela, entendent par là que le chrétien se glorifie d'avoir reçu le Saint-Esprit par ses propres mérites, et non par la seule miséricorde de Dieu, et que c'est une présomption de se confesser chrétien !

Comme si l'on pouvait être chrétien sans avoir l'Esprit de Christ! ou comme si nous pouvions dire à Christ : *Seigneur* (1Cor.12.3), ou appeler Dieu *notre Père* (Rom.8.15), sans être des hypocrites, lorsque le Saint-Esprit ne nous ouvre pas le cœur et la bouche pour prononcer de si précieuses paroles! Et cependant, ces hommes qui nous tiennent pour orgueilleux parce que nous disons que Dieu nous donne par la foi le Saint-Esprit, non seulement ne nous défendent pas de dire tous les jours notre Père, mais même ils nous l'ordonnent. Qu'on me dise comment il est possible de séparer la foi de l'Esprit-Saint! N'est-elle pas l'œuvre spéciale du Saint-Esprit? Si c'est une arrogance de croire que l'Esprit de Christ habite en nous, pourquoi saint Paul recommande-t-il aux Corinthiens (2Cor.13.5) de s'examiner pour savoir s'ils ont la foi, affirmant qu'ils seront réprouvés s'ils ne connaissent que Christ est en eux? En vérité, c'est un grand aveuglement d'accuser de présomption les chrétiens qui osent se glorifier de la présence du Saint-Esprit, car sans cette gloire, le Christianisme ne peut subsister. Mais Christ ne saurait mentir, et c'est lui qui a dit (Jean.14.17) : Que son Esprit n'est point connu du monde, et que c'est seulement ceux dans lesquels il habite qui le connaissent.

Que ceux qui nous accusent deviennent donc avant tout de vrais croyants, qu'ils se dépouillent de leur esprit judaïque, qu'ils embrassent en vérité la grâce de l'Évangile, et ils connaîtront que les chrétiens ont l'Esprit-Saint, et qu'ils savent qu'il demeure en eux.

Mais quelqu'un me dira peut-être que le chrétien, sans avoir une révélation particulière, ne peut savoir s'il est dans la grâce de Dieu, et par conséquent doit douter de son élection ; et on pourrait alléguer dans ce sens cette parole de Salomon (Ecclés.9.1) : Que l'homme ne connaît point s'il est digne d'amour ou de haine, et cette autre parole de saint Paul (1Cor.4.4) : « Je n'ai rien sur ma conscience, mais je ne suis pas pour cela justifié. »

Il me semble avoir prouvé plus haut, par les paroles de l'Écriture sainte, que cette opinion est fausse. Il ne me reste plus qu'à montrer brièvement que ces deux déclarations, sur lesquelles elle est fondée, ne doivent point s'entendre dans ce sens.

Quant à la sentence de Salomon, bien qu'elle ne soit point fidèlement rendue dans la traduction commune, il n'y a cependant pas un homme, quelque borné qu'il soit, qui, en lisant dans le discours de Salomon, ne puisse voir clairement qu'il veut dire : Si quelqu'un, par les événements de cette vie présente, voulait juger qu'il est aimé ou haï de Dieu, il ferait des efforts inutiles : parce que les mêmes accidents arrivent au juste et à l'impie, à celui qui sacrifie et à celui qui ne sacrifie pas, au bon et au pécheur. (Ecclés.9.2) Cela nous prouve que Dieu ne montre pas toujours son amour à ceux auxquels il accorde une prospérité extérieure, et que ce n'est point non plus sa haine qu'il fait sentir à ceux qu'il afflige. Te semble-t-il donc juste, frère bien-aimé, de conclure que l'homme ne saurait être certain de la grâce de Dieu, parce que cette certitude, ne peut se lire dans les incidents variés de la vie, ni dans les choses transitoires et temporelles ? Le même Salomon dit un peu plus haut (Ecclés.3.19) : Que l'on ne peut discerner en quoi consiste la différence entre l'homme et la bête, parce qu'on voit mourir l'homme et la bête de la même manière. Voudrions-nous donc conclure, de cet accident extérieur, que notre conviction de l'immortalité de l'âme n'est fondée que sur des conjectures ? Mais il est superflu de vouloir prouver davantage une chose si claire en elle-même.

Pour ce qui regarde les paroles de saint Paul, nous voyons qu'en parlant de son ministère de l'Évangile, il dit qu'il ne sache point d'y avoir manqué, mais que néanmoins il n'est pas certain d'avoir fait tout ce qui pouvait être son devoir, et mérité ainsi, de la part de Dieu, la louange de la justice, de même qu'un administrateur fidèle et prudent qui, en parlant de son office, n'oserait pas se glorifier, ni affirmer qu'il a parfaitement accompli son devoir et la volonté de son maître, mais qui remettrait à celui-ci tout jugement. Que tel soit le sens des paroles de saint Paul, personne n'en doutera, après avoir lu et considéré avec quelque attention les idées qui précèdent et celles qui suivent.

Je sais bien que quelques interprètes de la parole de saint Paul ont dit que lors même qu'il ne connaissait en lui aucun péché, il ne savait presque pas s'il était juste auprès de Dieu, parce qu'il se rappelait que comme l'affirma David, nul homme ne connaît parfaitement ses péchés. (Psa.19.13) Mais ceux qui parlent ainsi ne prennent pas garde à ce fait que saint Paul ne faisait point consister sa justice dans les œuvres, mais dans la foi, et qu'il rejetait toute justification propre, embrassant uniquement la justice que Dieu donne par Christ ; ils ne considèrent point qu'il est très certain d'être justifié, en conservant la pure et parfaite foi chrétienne ; qu'il sait que dans le ciel lui est préparée la couronne de justice (2Tim.4.8) ; qu'il est sûr que nulle créature, ni céleste, ni terrestre, ni infernale, n'aura la puissance de le séparer de l'amour de Dieu (Rom.8.39) ; et enfin que son désir est de mourir, *pour être avec Christ.* (Philip.1.23) Toutes ces déclarations auraient été des mensonges, s'il n'eût été certain d'être juste, juste, dis-je, par la foi et non par les œuvres.

Cessons donc, très chers frères, de faire dire à saint Paul ce qu'il n'a jamais pensé, ce qu'il a au contraire toujours combattu avec force en reprenant ceux qui mesuraient la justification par les œuvres et non par la foi en Christ, notre Seigneur.

Mais outre ces deux paroles de Salomon et de saint Paul, on pourrait citer quelques autres passages de l'Écriture sainte, exhortant l'homme à la crainte, ce qui semble en contradiction avec la certitude de l'élection en grâce. Il serait trop long de vouloir expliquer en particulier chacun de ces passages. Je dirai donc en général : que la crainte servile est propre à l'Ancien Testament et que l'amour filial est propre au Nouveau, comme nous le prouvent les paroles de saint Paul lorsqu'il dit aux Romains : « Vous n'avez pas reçu un esprit d'esclavage pour être encore dans la crainte : mais vous avez reçu un esprit d'adoption par lequel nous crions Abba ! » (Rom.8.15) Et à Timothée : « Dieu ne nous a pas donné un esprit de timidité, mais de puissance et d'amour. » (2Tim.1.7) Cet Esprit, Christ nous l'a donné, selon la promesse faite par la bouche de ses prophètes (Luc.1.70) ; et c'est Lui qui fait que « délivrés de la main de nos ennemis, nous le servons sans crainte en sainteté et en justice devant Lui tous les jours de notre vie. » (Luc.1.74-75).

Ces passages de l'Écriture sainte et beaucoup d'autres semblables nous prouvent évidemment que la crainte pénale et servile ne convient pas au chrétien qui est appelé à la joie spirituelle selon ce que saint Paul démontre clairement aux Romains : en disant que le règne de Dieu est justice, paix et joie par l'Esprit saint ; c'est-à-dire que quiconque entre dans ce règne de la grâce évangélique est justifié par la foi, et par conséquent, jouit de la paix de la conscience qui produit en lui une joie parfaite, spirituelle et sainte. C'est pourquoi le même apôtre exhorte souvent les chrétiens à vivre toujours dans la joie. (1Thess.5.16 ; Phil.4.4, etc.) Et saint Pierre dit (1Pierre.1.6) que ceux qui croient en Christ, alors même qu'ils sont affligés par diverses tentations, se réjouissent d'une joie inexprimable et glorieuse.

Quand donc l'Écriture menace et effraie les chrétiens, il faut remarquer d'abord qu'elle s'adresse à ceux d'entre eux qui abusent de la liberté évangélique, et qui, ne sachant point conserver la dignité d'enfants de Dieu, doivent être traités comme des serviteurs, et tenus dans la crainte, afin qu'ils apprennent à goûter combien le Seigneur est miséricordieux, que la foi obtienne ses effets en eux, et qu'ils acquièrent assez d'amour filial pour être gardés à la hauteur de la vocation chrétienne, et dans l'imitation de Christ.

Lorsque la même Écriture sainte exhorte à la crainte les vrais chrétiens, elle n'entend pas leur faire peur du jugement de la colère de Dieu, comme s'ils pouvaient encore être condamnés. Car, comme nous l'avons déjà dit, ils savent par le témoignage que l'Esprit de Dieu rend à leur esprit, que Dieu les a appelés et élus, et cela par sa seule miséricorde et non par leurs mérites. C'est pourquoi ils ne doutent jamais que la même miséricorde qui les a mis en possession de cette fidélité, ne puisse aussi les y maintenir. Ainsi donc l'Écriture sainte ne nous exhorte pas à la crainte servile, mais à une crainte filiale : c'est-à-dire que, comme des enfants obéissants, nous nous gardions de manquer à la piété chrétienne et de faire aucune chose qui soit contraire à la dignité d'enfants de Dieu, et propre à contrister l'Esprit saint qui demeure en nous. (Éph.4.30) Connaissant la dépravation de notre nature, nous devons toujours être attentifs et vigilants, et ne jamais nous confier en nous-mêmes, car dans notre chair et dans nos âmes habitent les convoitises et les affections mauvaises qui sont les ennemis de l'Esprit, et qui cherchent continuellement à nous surprendre et à nous rendre orgueilleux, ambitieux, avares et sensuels. Telle est la crainte à laquelle l'Écriture sainte exhorte les vrais chrétiens, ceux qui ont déjà goûté combien le Seigneur est bon, et qui s'adonnent avec toute ardeur à l'imitation de Christ. Et dans la même mesure qu'ils dépouillent le vieil homme, ils perdent aussi cette crainte. Mais jamais les fidèles ne doivent se déprendre complètement de cette crainte filiale : elle est en harmonie avec la charité chrétienne, tout autant que la crainte servile lui est opposée.

De ce que nous venons de dire, il résulte que le chrétien pieux n'a point à douter de la rémission de ses péchés, ni de la grâce de Dieu. Néanmoins pour la plus grande satisfaction du lecteur, nous voulons encore citer quelques passages des saints docteurs qui confirment cette vérité.

Saint Hilaire, dans son commentaire sur saint Matthieu au chapitre cinquième, dit que Dieu veut que nous espérions sans aucun des doutes d'un cœur incertain, parce qu'autrement la justification par la foi n'est pas atteinte quand la foi elle-même est dans le doute. D'après saint Hilaire, l'homme ne peut donc point obtenir la rémission de ses péchés s'il ne croit pas fermement qu'il l'obtiendra. Et il a raison ; car celui qui doute est semblable à l'onde de la mer qui est agitée et battue par les vents : que, dans une telle disposition, l'homme ne pense pas pouvoir obtenir aucune chose de Dieu. (Jacq.1.6-7)

Écoutons aussi saint Augustin qui dans son Manuel nous enseigne qu'il faut bannir toute pensée insensée par laquelle nous pourrions nous priver de cette assurance pieuse et sainte. Qu'elles murmurent tant qu'elles voudront, dit-il, les folles pensées, telles que celles-ci : Qui es-tu ? et quelle est cette grande gloire ? et par quels mérites espères-tu l'obtenir ? Je réponds en moi-même avec confiance : Je sais à qui j'ai cru, je sais que par son grand amour Il m'a fait devenir son enfant ; je sais qu'il est véritable dans ses promesses, et puissant pour accomplir ce qu'il a promis et pour faire tout ce qu'il veut. Le nombre immense de mes péchés ne peut me faire peur, quand je pense à la mort du Seigneur : toute mon espérance repose dans sa mort. Sa mort est mon mérite, mon refuge, mon salut, ma vie et ma résurrection. Mon mérite, c'est la miséricorde du Seigneur. Je ne suis pas pauvre en mérite, tant que le Seigneur ne manquera pas de miséricorde. Et si les miséricordes du Seigneur sont en grand nombre, je suis aussi riche en mérites. Plus est grande sa puissance pour sauver, plus aussi ma sécurité est parfaite.

Le même Augustin dit dans un autre endroit, qu'il aurait pu se désespérer à cause de la grandeur de ses péchés et du nombre de ses manquements, si le Verbe ne s'était fait chair. Et il ajoute ces paroles : Toute mon espérance, toute la certitude de ma foi repose sur son précieux sang, qui a été versé pour nous, pour notre salut. En lui je respire. En lui je mets ma confiance, désirant d'aller à toi, ô Père, non avec ma justice propre, mais avec celle de ton Fils Jésus-Christ. Saint Augustin, dans ce passage, montre clairement que le chrétien ne doit point craindre, mais être certain de sa justification, la fondant non dans ses œuvres, mais dans le précieux sang de Christ qui nous lave de tous nos péchés et nous donne la paix avec Dieu.

Saint Bernard, dans son premier sermon sur l'Annonciation du Seigneur, dit : Il ne suffit pas de croire que tu ne peux avoir la rémission des péchés que par la miséricorde de Dieu ; il ne suffit pas de croire que tu ne peux avoir aucun bon désir, ni faire aucune bonne œuvre s'il ne t'est donné de Dieu, ni de croire que tu ne peux mériter la vie éternelle par tes œuvres, si elle ne t'est pas donnée par grâce : toutes ces choses peuvent être regardées comme le fondement et le principe certain de la foi. Mais il est nécessaire, en outre, que tu croies fermement que par lui tes péchés te sont remis. Voilà comment ce saint homme confesse qu'il ne suffit pas de croire en général à la rémission des péchés, mais qu'il faut que tu croies qu'à toi-même tes iniquités te sont pardonnées en Christ. Et la raison en est claire : c'est que, lorsque Dieu te promet la justification par les mérites de

Christ, si tu ne crois pas que tu es justifié par ces mérites, tu fais Dieu menteur, et te rends, par conséquent, indigne de sa grâce et de sa miséricorde.

Mais, diras-tu, je crois bien la rémission des péchés et je sais que Dieu est la vérité ; mais je crains de n'être pas digne de tant de grâces. Je te répondrai que la rémission de tes péchés ne serait pas un don et une grâce, mais un dû, si Dieu te l'accordait par le mérite de tes œuvres. Je te répète encore que Dieu te reçoit comme juste, et qu'il ne t'impute point le péché, à cause des mérites de Christ, lesquels te sont donnés et sont devenus tiens par la foi.

Suis donc le juste conseil de saint Bernard ; ne te borne pas à croire en général à la rémission des péchés, mais applique cette croyance à toi-même en particulier. Crois fermement que par Christ toutes tes iniquités te sont pardonnées. De cette manière tu donneras gloire à Dieu, confessant sa miséricorde et sa fidélité, et tu deviendras juste et saint devant Dieu, la justice et la sainteté de Christ t'étant communiquées par cette foi et cette confession.

Maintenant, pour revenir à notre pensée sur la prédestination, je crois que de ce qui a été dit plus haut, il ressort clairement que la certitude de la prédestination ne peut pas nuire aux vrais chrétiens, mais qu'elle leur est de la plus haute importance. Quant aux réprouvés et aux faux chrétiens, il ne me semble point qu'elle puisse leur être nuisible ; car, quelques efforts qu'ils puissent faire pour se croire du nombre des élus, ils ne pourront pourtant jamais le persuader à leur conscience, qui les accusera toujours.

Cependant, il pourrait sembler que cette doctrine de

l'élection leur soit en piège, car on les entend dire : Si je suis du nombre des réprouvés, à quoi me servent les bonnes œuvres ? Si, au contraire, je suis un des élus, je serai sauvé sans m'efforcer à faire de bonnes œuvres.

A cela je réponds brièvement, que par ces arguments diaboliques ils ne font qu'augmenter contre eux la colère de Dieu. Car Dieu a révélé la connaissance de la prédestination aux chrétiens, non pour refroidir leur amour et leur zèle pour les bonnes œuvres, mais au contraire, afin de les embraser d'amour et de zèle à faire le bien. C'est pourquoi le vrai chrétien, d'un côté, est assuré qu'il est élu pour la vie éternelle, non point à cause de ses mérites, mais par la grâce de Dieu qui a voulu par l'élection montrer sa miséricorde à notre égard. Et d'un autre côté, il est zélé dans les bonnes œuvres et dans l'imitation de Christ tout comme si son salut dépendait de son activité et de ses efforts propres. Quant à celui qui se laisse refroidir dans les bonnes œuvres par cette doctrine de la prédestination, en disant : Si je suis élu, je serai sauvé sans la peine que me donnent les œuvres, il montre par-là clairement que jusque-là il ne travaillait point par amour pour Dieu, mais par égoïsme ; de sorte que ses œuvres pouvaient paraître bonnes et saintes aux yeux des hommes, tandis qu'aux yeux de Dieu, qui regarde au cœur, elles étaient mauvaises et abominables. Nous pouvons donc conclure que la doctrine de la prédestination est plutôt utile que nuisible aux faux chrétiens eux-mêmes : car elle met à découvert leur hypocrisie, qui, aussi longtemps qu'elle se cache sous le manteau de l'activité extérieure, ne peut être guérie.

Je voudrais que ceux qui disent : Je ne veux point faire de bonnes œuvres, parce que si je suis prédestiné, je serai sauvé sans ce travail, — je voudrais, dis-je, qu'ils m'expliquassent pourquoi, lorsqu'ils sont malades, ils ne disent point aussi : Je ne veux ni médecin, ni médecine, parce que ce que Dieu a décidé de moi, ne peut manquer de m'arriver. Et pourquoi mangent-ils et boivent-ils ? pourquoi travaillent-ils la terre, plantent-ils la vigne, et font-ils avec tant d'ardeur toutes les choses qui sont nécessaires à la vie de leur corps ? Pourquoi ne disent-ils pas aussi bien : Toutes ces fatigues et ces travaux sont superflus, car ce qui a été prévu et décidé de Dieu, quant à la vie et la mort, ne peut manquer d'arriver. Si donc la providence de Dieu ne les rend pas négligents et paresseux pour les choses qui regardent la vie du corps, pourquoi devrait-elle les rendre inactifs et négligents dans ce qui a rapport au perfectionnement de la vie chrétienne, qui est sans aucune comparaison plus noble que celle du corps ?

Nous voyons que ni Jésus-Christ, ni saint Paul ne se sont laissé retenir, par la crainte de scandaliser les réprouvés, de la prédication de la vérité, qui est nécessaire à l'édification des élus ; — comme c'est aussi par amour pour eux que le Fils de Dieu s'étant fait homme, est mort sur la croix. Nous de même, ne devons pas, par la crainte de scandaliser les faux chrétiens, nous laisser arrêter de prêcher cette sainte doctrine aux vrais chrétiens, pour lesquels nous avons vu qu'elle est d'une si grande efficace.

Nous sommes arrivé à la fin de notre travail, dont la principale intention a été de célébrer et de magnifier selon nos faibles forces, le bienfait merveilleux accordé au chrétien par Jésus-Christ crucifié, et de démontrer que la foi seule justifie : c'est-à-dire que Dieu reçoit comme justes tous ceux qui croient véritablement que Jésus-Christ a satisfait pour tous leurs péchés. Mais redisons que comme la lumière est inséparable de la flamme, ainsi les bonnes œuvres ne se peuvent séparer de la foi, quoique celle-ci justifie par elle-même cette très sainte doctrine qui exalte Jésus-Christ en abaissant l'orgueil humain, et qui fut et sera toujours rejetée par les chrétiens animés d'un esprit judaïque. Mais bienheureux celui qui, à l'imitation de saint Paul, se dépouillant de toutes ses justices propres, ne veut d'autre justice que celle de Christ ! Revêtu de cette justice-là, il pourra comparaître avec toute sécurité devant la face de Dieu, et il recevra de lui la bénédiction et l'héritage du ciel et de la terre, en communion avec son Fils unique Jésus-Christ Notre-Seigneur, auquel soit gloire dans toute l'éternité ! Amen !

Sommaire :

♣ Quatre remèdes contre la défiance :

1. La prière.

2. Le souvenir du baptême.

3. La sainte Cène.

4. L'assurance de l'élection.

♣ Quiconque reçoit l'Évangile a l'assurance de son élection.

♣ Que les adversités ne sont point un signe de réprobation.

♣ Que l'homme peut être assuré de la grâce de Dieu.

♣ Les passages de l'Écriture qui renferment des exhor-
tations à la crainte de Dieu et des menaces, ne sont
point contraires à la doctrine de l'élection.

♣ L'Écriture sainte frappe d'une crainte servile les infidèles, et elle exhorte les vrais chrétiens à une crainte
filiale.